KB010685

정신분석 임상에서 질문의 기능

나르시시즘적 사랑에서 거세의 수용으로

정신분석 임상에서
질문의 기능

펴 낸 날 2022년 2월 25일

지 은 이   신한석
펴 낸 이   이기성
편집팀장   이윤숙
기획편집   이지희, 윤가영, 서해주
표지디자인 이지희
책임마케팅 강보현, 김성욱
펴 낸 곳   도서출판 생각나눔
출판등록   제 2018-000288호
주   소   서울 마포구 잔다리로7안길 22, 태성빌딩 3층
전   화   02-325-5100
팩   스   02-325-5101
홈페이지   www.생각나눔.kr
이 메 일   bookmain@think-book.com

• 책값은 표지 뒷면에 표기되어있습니다.
  ISBN 979-11-7048-359-5 (00180)

정신분석 임상에서
질문의 기능

신한석 지음

나르시시즘적 사랑에서 거세의 수용으로

생각나눔

prologue

✎ 이 책의 주제는 정신분석 임상 도중 부딪혔던 한 가지 난점을 분석하고, 그것을 돌파하는 방법을 찾아내는 것이다. 여기서 말하는 난점은 환자가 분석가의 도움 없이 스스로 말하는 일을 거부하는 경우를 말한다. 정신분석은 자유연상의 규칙하에 진행된다. 자유연상은 머릿속에 떠오르는 모든 내용을 가감 없이 말하는 것, 그것이 아무리 이상해 보이거나 우스꽝스러워 보일지라도 말

해야 한다는 정신분석의 근본 규칙이다. 분석 도중 환자는 분석가의 질문에는 솔직하게 대답하려고 노력했다. 하지만 환자는 분석가의 질문이 없을 때는 스스로 말하는 일을 무의미하다고 말하며 거부했다. 이처럼 분석에서 주체가 스스로 말하기를 거부할 때 분석가가 적극적으로 질문을 던지는 것은 도움이 될까? 자유연상의 자유는 어떤 것도 정해지지 않은 상태에서 생각의 흐름을 따라 말하는 것 아닌가?

환자가 침묵한다면 분석가가 적극적으로 질문을 던지는 것도 좋은 방법으로 생각될 수 있을 것이다. 홀로 말하는 일은 우스워 보이기도 하고, 그것이 어떤 변화의 요인이 될까 의심스럽기도 하다. 그러나 이 책은 자유연상에 대한 이러한 생각들이 저항에 불과하며, 질문을 통해서는 환자의 저항을 극복할 수 없다는 사실을 주장하고자 한다. 분석가의 질문 행위는 자유연상의 흐름을 막고 환자의 연상이 분석가의 질문을 중심으로 진행되게 만든다. 분석가의 질문을 통해서는 결정적인 저항을 극복할 수 없으며, 결과적으로 환자를 변화시킬 수 없다. 따라서 환자의 요구에 맞추어 질문하는 것보다는 분석의 규칙을 공고하게 지키는 것이 임상적 관점에서 더욱 효과적이다.

이러한 생각은 다른 이들의 입장에서 볼 때 지나치게 과격해 보일 수 있다. 분석에서 주체는 무엇을 해야 할지 모르고, 전문가인 분석가에게 질문해 주길 요구하는 일은 당연해 보이기도 한다. 그리고 분석가가 주체의 요구를 충족시키고 분석을 적절히 이끈다면 분명 어떤 호전들을 기대할 수 있다. 반대로 주체의 요구가 거절된다면 주체는 좌절에 빠지고 불쾌감을 겪는데, 이는 분명 치료적으로 보이지 않는다. 하지만 이 모든 것은 분석의 효과를 흐

트러트린다. 분석가가 환자의 요구에 부응하며 분석의 규칙을 어기는 것은 옳지 않다. 분석은 환자의 요구를 즉각적으로 충족시켜 주는 것이 아니라 좌절이 존재하는 상태에서 진행되어야 한다.

인간의 삶은 애초에 좌절스러운 상태일 수밖에 없다. 프로이트는 인간이 겪는 최초의 좌절을 오이디푸스 콤플렉스라는 이론을 통해 설명했다. 아이는 엄마의 보살핌을 받으며 충족감을 느낀다. 아이는 엄마를 온전히 소유하고 싶어 하지만 그러지 못한다. 아버지는 엄마를 빼앗아가며, 아이가 엄마의 품 안에서만 있는 것을 금지한다. 아버지의 개입은 당연히 아이에게 좌절을 일으킨다.

인간사회의 구조는 이러한 오이디푸스의 구조와 비슷하다. 인간은 자신이 원하는 것이 있다 하더라도 그것을 바로 충족시킬 수 없다는 경우가 많다. 현실의 법과 규칙들이 이를 금지할 수 있기 때문이다. 말하자면 세상은 주체를 있는 그대로 사랑해 주지 않는다. 세상은 주체의 요구를 즉각적으로 충족시켜 주지 않으며, 주체의 상황을 무조건적으로 고려해 주지도 않는다. 주체는 이러한 상황 속에서 좌절을 경험한다.

인간은 좌절을 감내하면서 살아가야만 한다. 어머니가 아이를 영원히 보살펴줄 수 없듯, 좌절은 인간이라면 누구나 겪을 수밖에 없다. 인간은 누구나 홀로서기를 해야 한다. 이 홀로서기에는 상실된 어머니의 사랑을 포기하는 과정이 포함되어 있다. 어머니의 사랑과 인정에 목을 맨다면 주체는 결코 자신의 욕망을 드러낼 수 없다. 물론 인간은 누구나 좌절을 경험하고 어머니의 사랑 상실에 대해 상실감과 우울감, 고통을 겪는다. 주체가 자기 욕망의 실현을 방해받는 까닭은 바로 어머니에 대한 사랑의 욕구가 존재하기 때문이다.

이런 상황에서 분석가가 어머니의 대리인이 되어 주체가 원하는 사랑을 준다면 나름대로 효과가 없지 않을 것이다. 하지만 주체가 좌절 자체를 넘어서지 못한다면 근본적인 문제는 해결되지 않는다. 사랑이 부재하는 순간 다시 병리적 상태에 빠지기 때문이다. 따라서 분석은 좌절로 인해 상처받는 그 심리적 구조 자체를 겨냥해야 한다. 좌절로 인한 상처를 약을 발라 낫게 해줄 것이 아니라 같은 상황에서 좌절 자체가 발생하지 않을 수 있도록 돕는 것이 더욱 근본적인 도움이 된다.

분석가가 질문을 거부하고 연상의 규칙을 지켜야 하는 이유도 여기에 있다. 자유연상은 주체의 좌절 하에 진행한다. 좌절을 경험하며 말을 하는 것은 주체가 어머니에 대한 사랑의 욕구들을 내려놓고 '자신의 말'을 하는 것과 같다. 이러한 행위에는 타자가 주체를 사랑하지 않는다 하더라도 자신의 욕망을 관철시키겠다는 욕망이 담겨있다. 정신분석은 말하기 행위를 통해 상실된 어머니의 사랑을 다시 한 번 상실하는 과정이다. 반대로 분석가의 질문은 환자를 분석가의 질문 위주로 연상하게 만들며 주체의 욕망의 진실이 드러나지 못하도록 만든다.

이와 더불어 이 책은 정신분석 임상이 모두에게 적절하지 않다는 것을 주장하고자 한다. 주체가 사용하는 방어 메커니즘, 그러니까 어머니의 상실에 따라 발생한 상처에 주체가 대응하는 방식에 따라 분석의 가능성과 불가능성이 결정된다. 주체의 반응은 크게 두 가지로 나뉠 수 있다. 첫 번째는 사랑의 상실을 인정하고자 하는 경우가 있을 수 있으며, 두 번째는 상실을 거부하고 만족을 되찾고자 할 수 있다. 분석이 가능하기 위해서는 애초에 주체에게 상실을 인정하고자 하는 욕망이 존재해야 한다. 상실을 발생하게 만든 법을 비난하며 만족의 충족을 고집한다면 분석은 진행될 수 없다.

정신분석의 근본 규칙인 자유연상은 주체가 상실된 만족을 다시 한 번 포기할 수 있도록 돕는다. 이런 점에서 정신분석의 규칙은 '아버지의 법'과 같은 기능을 한다는 것이 이 책의 입장이다. 아버지는 아이가 어머니의 품 안에서 벗어나 일들을 스스로 하도록 만든다. 즉, 아버지의 역할은 아이를 어머니의 대상이 아닌 주체로 만드는 것이다. 마찬가지로 자유연상은 모든 것을 해도 좋다는 방종과 무제한적 쾌락을 약속하는 규칙이 아니다. 오히려 이는 어머니의 욕망에서 벗어나 주체로서 말할 수 있도록 만드는 엄격한 규칙에 가깝다. 정신분석의 성패는 자유연상의 수행 여부에 달려있다. 분석가는 분석의 규칙을 엄격하게 부여하며 지키는 부성적 타자의 역할을 해야 한다.

이 책은 정신분석의 과정은 미완된 오이디푸스

콤플렉스를 해소하고, 거세를 수용하는 과정이어야 한다는 사실을 주장하고자 했다. 이 책은 이미 벌어진 거세는 되돌릴 수는 없다는 생각에 근거를 두었다. 인간이 겪는 좌절은 인간으로 태어난 이상 겪어야만 하는 운명이다. 그 운명을 극복하고 슥각적이고 완전한 쾌락을 성취하는 일은 불가능하다. 현대의 소비주의는 이러한 완전한 쾌락에 대한 소망이 이루어질 수 있는 것인 것마냥 환상을 부추긴다. 그러나 아무리 소비를 해도 그 좌절의 상처가 완전히 회복되지 않듯, 인간이 겪은 거세는 완전한 회복 자체가 불가능한 성격을 가진다. 따라서 인간은 완벽한 쾌락의 상실을 인정하고 각자 얻어낼 수 있는 쾌락의 방식들을 새롭게 발명해야만 한다.

이 연구는 지그문트 프로이트와 자크 라깡의 정신분석 전통에 강한 영향을 받았다. 한국에서 프로이트는 낡았다고 평가받고, 라깡은 정신분석가라

기보다는 철학자로 간주된다. 이들은 모두 오이디푸스 콤플렉스에서 아버지의 역할을 중요하게 보았다는 공통점이 있다. 모성의 역할을 중시하는 한국적 분위기의 특성상 이들의 이론을 바탕으로는 임상하는 것은 거의 불가능하다고 간주된다. 그러나 이러한 평가에는 동의할 수 없다. 프로이트와 라깡은 탁월한 임상가였으며, 이들의 이론이야말로 인간이 처한 심리적 곤궁을 극복할 수 있는 최선의 타개책이다. 따라서 이 책은 그들의 사상 그 자체는 아니지만, 그럼에도 불구하고 이들의 핵심적 사상을 최대한 이어받기 위해 노력했다고 말하고 싶다.

contents

정신분석 임상에서 질문의 기능

나르시시즘적 사랑에서 거세의 수용으로

01 무의식의 가정과 분석의 시작

✎ 프로이트는 인간이 하는 모든 말과 행동에 의미가 있음을 알려주었다. 그에 따르면 인간의 비합리적이거나 무의미하다고 간주되는 말과 행동들에도 의미가 존재한다. 우리가 그 의미를 알지 못하는 이유는 무엇인가? 프로이트는 우리가 그 의미를 알려고 하지 않았기 때문이라고 말했다. 만약 우리가 무의미함에 대한 생각을 버리고 조금이라도 의미를 찾으려는 노력을 한다면, 그 노력은 그리 어렵지 않게 성과를 거둘 수 있다는 것이 프로이

트의 가르침이다. 그리고 프로이트는 감춰져 있지만 노력을 들인다면 찾아낼 수 있는 그 의미들을 가리켜 무의식이라 불렀다.

무의식의 가정이라는 정신분석의 대전제는 임상에 어떻게 적용될 수 있을까? 이는 먼저 환자의 담화를 들으면서 그 안에 존재하는 무의미한 것들을 파헤치는 것으로 이루어진다. 우리가 다른 사람의 말을 들을 때 상대방의 모든 말을 이해할 수 있는 것은 아니다. 논리적으로 결함이 있어서 이해할 수 없는 부분이 있고, 개인적인 성향과 맞지 않기 때문에 이해할 수 없는 부분도 존재한다. 일반적인 대화에서는 이를 꼬치꼬치 캐묻지 않는다. 분석에서 이는 지양되어야 할 태도이다. 분석가가 이해할 수 없는 부분은 환자에게 물어보아야 하며, 환자는 자신의 언어로 그것들을 설명할 수 해야 한다.

이것은 프로이트가 『히스테리 연구』, 『꿈의 해석』,

『일상생활의 정신병리학』 그리고『농담과 무의식의 관계』에서 취했던 태도다. 히스테리 증상, 꿈, 농담 말실수는 모두 무의식에 의해 형성된다. 프로이트는 히스테리 증상을 연구하면서 그것의 저편에 무의식적 기억이 존재한다는 사실을 발견했다. 증상은 그 기억들을 생생히 떠올리고 말로 풀어내면 사라졌다. 따라서 증상을 치료하기 위해서는 환자에게 말을 걸어야 한다.

왜냐하면, 놀랍게도 우리는 '환자가 히스테리의 원인이 되는 사건을 다시 완전하게 기억해 내고 동시에 그 기억에 얽혀있는 감정을 불러일으키는 데 성공하면, 그리고 환자가 그 사건에 대하여 가능한 한 상세하게 진술하고 감정들을 말로 표현하게 된다면 개개의 히스테리 증상은 곧 소멸되고 두 번 다시 일어나지 않는다'는 사실을

발견했기 때문이다.[1]

분석에서 말할 수 있는 권한은 환자에게 있다. 무의식적 기억은 환자에게 존재하므로 분석 작업이 진행되기 위해서는 환자에게 직접 물어볼 필요가 있다. 이와 같은 방식으로 임상을 시작했을 때 환자는 의외의 반응을 보였다. 환자는 마치 그러한 질문을 처음 받아본다는 듯 행동했다. 환자는 자신이 한 말의 의미를 곱씹고 그것에 대해 반추하며 자신이 왜 그 말을 했는지 의아해했다. 즉, 환자는 어떤 말을 했지만 그 말의 의미에 대해서 알지 못하고 있었던 것이다. 그리고 이를 증명하듯 환자들은 '모르겠다'고 대답하는 경우가 많았다.

물론 모르겠다는 말을 쉽게 납득할 수는 없다. 환자는 분명 어떤 말을 했고, 그 말을 한 이유가 환자

---

1) 지그문트 프로이트. 김미리혜 옮김. 「히스테리 연구」. 열린책들. 2011. p.17

본인에게 있기 마련이다. 자신이 한 말에 대해서 그 자신이 모른다고 말하는 일은 합리적이지 않다. 이에 대해서는 분명 환자는 알고 있다고 생각하는 것이 타당하다. 하지만 한 번도 그것에 대해서 생각해 본 적이 없기 때문에 모르겠다고 말했을 것이다. 한 번도 생각해 보지 않은 주제에 대해서 말을 한다는 것은 불가능하기 때문이다. 말하자면 환자는 자신이 원인을 알고 있다는 사실을 알지 못한다.

이것은 프로이트가 말했던 저항의 표현이었다. 어떤 생각이 존재하지만 말로 표현될 수 없다면 그것이 표현될 수 없도록 만드는 어떤 힘이 존재한다고 생각해도 무방하다. 그 생각들이 말로 표현되지 못하는 이유는 환자에게 불쾌하게 느껴지기 때문이다. 그것을 떠올리고 말로 표현하는 것이 불쾌하게 느껴지기 때문에 환자는 이를 거부한다. 이런 의미에서 보면 '모르겠다'나 '아무것도 아니다'와 같은 말은 그 생각들이 존재하지 않는다가 아니라 그것들에 대해 말하고 싶지 않다는 것을 의미한다는 사실을 알 수 있다.

무의식을 의식화하고 증상을 해소하기 위해서는 저항을 극복할 필요가 있다. 저항을 극복하기 위해서는 환자의 '모르겠다'는 말에 다음과 같이 대답해야 한다. '그럴 리 없다. 당신은 분명히 그것에 대해 알고 있음이 틀림없다'. 물론 프로이트는 "어떤 일이 벌어지고 있는지 잘 모르는 치료자 쪽에서 우기는 것은 그다지 강력하지 못해서 심한 히스테리 환자의 연상에 대한 저항을 다루는 것은 역부족"[2]이라고 말했다. 따라서 프로이트는 저항을 다루기 위해 압박법이라는 방법과 더불어 자유연상의 규칙을 도입하였다. 압박법은 환자의 이마를 눌렀다 떼는 것을 말하며, 자유연상의 규칙은 다음과 같다.

---

2) 같은 책 p.351

압박이 계속되는 동안 눈앞에 그림 형태의 회상을 보든지 마음속에 관념의 형태로 기억이 떠오를 것임을 환자에게 확신시킨다. 그리고 그 광경이나 관념이 무엇이건 내게 들려줄 것을 요청한다. 환자 자신이 생각하기에 그 광경이나 관념이 원하는 것이 아니라거나 말로 표현하기가 불쾌하다고 숨겨서는 안 된다. 기억에 얽힌 감정 때문이든, 중요하지 않다고 생각해서든 그 관념에 대해 비판하지 말 것이며, 주저하지 말아야 한다.[3]

압박법은 눈속임에 불과하며, 핵심은 떠오르는 것은 모두 말해달라는 프로이트의 요구다. 이후 프로이트의 기술에 관한 저술들에서 압박법에 대한 언급이 사라지며, 말하기 의무만이 주체에게 부과된다는 사실은 이를 뒷받침한다. 따라서 임상에서

---

3) 같은 책. 같은 쪽.

반복되어야 하는 것은 바로 이 자유연상의 요구다. 자유연상의 핵심은 떠오르는 것은 '아무 생각이나 떠오르는 대로 말하는 것'이다. 이러한 요구를 계속 하자 환자는 하나둘씩 원인이 된 생각들에 대해서 말하기 시작했고, 얼마 지나지 않아 원인이 되었던 생각들이 밝혀지게 되었다. 이 방식은 꿈이나 말실수에도 적용이 되었고, 환자를 고통스럽게 만드는 현상들, 그러니까 증상에도 적용이 되었다.

그렇다고 해서 분석이 시작될 때 그날의 주제를 정하지는 않았다. 분석이 시작되면 환자는 어떤 것이든 자유롭게 말할 수 있었으며, 그 이야기를 듣고 질문하며 점차 심층으로 파고드는 작업을 했다. 물론 이 작업은 환자의 저항에 부딪히곤 했다. 분석 작업은 이러한 반발을 극복하는 방향으로 진행되었으며, 환자는 점차 자신의 인격이 구성되는 원리와 욕망에 대해서 하나둘씩 알아나갈 수 있었다. 하지는 분석을 통해 무의식에 대해 하나둘씩 알아가기 시작했다. 이는 프로이트가 「기억하기, 되풀이하기, 그리고 훈습하기」에서 말한 '일관성 있는 분석의 기법'이라고 말한 것이다.

마지막으로 현재의 일관성 있는 기법이 만들어 졌다. 이제 의사는 특정 요인이나 문제에 초점을 맞추기를 포기한다. 그는 피분석자의 그때그때의 정신적 표면을 연구하는 데 만족하며, 해석기술은 주로 여기에 나타나는 저항을 인식하고 그것을 환자가 의식할 수 있도록 하는 데 사용한다.[4]

이 작업은 상당히 잘 진행되었다. 환자가 분석에 늦거나 빠지게 된다면 거기에도 어떤 말 못 할 이

---

4) 지그문트 프로이트. 이덕하 옮김. 「기억하기 되풀이하기, 그리고 훈습하기」『끝낼 수 있는 분석과 끝낼 수 없는 분석』도서출판b. 2004. p.106

유가 있을 것이라 간주했고, 그 원인을 분석해내는 방향으로 진행되었다. 분석 작업의 목적은 단 하나였다. 원인을 이해하는 것. 흥미롭게도 이러한 작업은 환자에게도 독특한 반응을 불러일으켰다. 환자는 분석가가 자신에게 진지한 관심을 갖고 있다고 느꼈다. 분석가의 태도는 환자에 대해서 '알고자 하는 욕망'처럼 비치기 때문이다. 환자는 분석가의 욕망에 반응했다. 환자는 자신의 삶에서 환자에게 관심을 가지고 환자에게 말을 시켰던 사람은 없었다고 말했다. 하지만 분석가는 지금까지 경험했던 타자와 달랐다. 분석가는 환자의 말을 진지하게 듣고, 그에 대해서 알고자 했다. 환자는 분석가에 대해서 어떤 긍정적인 감정을 느꼈고, 이와 더불어 환자가 분석의 초반부에 보고했던 고통은 점차 감소하기 시작했다.

02 환자의 저항과 한계에 봉착한 분석

✎ 그러나 분석이 항상 좋은 분위기 속에서만 진행된 것은 아니었다. 분석은 잘 진행되는 것처럼 보였지만 특정한 증상들이 다시 나타나곤 했다. 특히 같은 형태의 증상이 일정 주기별로 되돌아오는 것처럼 보였다. 증상이 다시 나타난다는 사실은 아직 무엇인가 덜 분석되었음을 의미한다. 따라서 그것들에 대해 마저 분석이 진행되어야한다. 하지만 이때 환자는 잘 협조하지 않았다. 이런 상태가 되면 환자는 깊은 우울감에 빠져서 분석

에 참여했고, 아무 말도 하지 않으려 했다. 특히 분석가가 먼저 질문을 던지지 않는 한 환자는 아무 말도 하지 않으려 했다.

왜 아무 말도 하지 않느냐고 묻자 환자는 말을 하지 않았던 이유는 "무의미하고 바보 같다고 느꼈기 때문"이라고 대답했다. 이 말은 환자의 침묵이 저항임을 확신할 수 있도록 만들었다. 즉, 환자는 어떤 생각들이 떠올랐으나 '혼자 말하는 행위'에 대한 거부감을 경험하고 있는 것이다. 환자는 자유연상의 규칙을 어기기 시작했다. 프로이트는『정신분석 강의』에서 이와 같은 저항을 이미 언급한 바 있다.

환자는 자신에게 이제 더 이상 아무 생각도 떠오르지 않는다고 말합니다. 환자는 더 이상 분석 작업을 충실하게 수행하는 데 관심을 기울이지 않습니다. 환자는 그의 머리에 떠오르는 노든 생각들을 말하고 절대 자신의 그런 행동을 스스로 비판하고서 말하기를 꺼려 해서는 안 된다는 지침들을 쉽게 위반해 버립니다. 환자는 마치 자신이 치료를 받고 있지 않은 것처럼 행동하며, 의사와 앞서 맺은 계약 자체를 부정하는 듯이 보입니다. 분명히 환자는 자신만을 위해서 간직하고 싶어 하는 생각으로 가득합니다. 이는 치료를 위해서는 위험한 상황입니다. 분명히 우리는 엄청난 저항에 직면하고 있는 것입니다.[5]

저항을 극복하기 위해 분석의 규칙을 다시 한 번 주지시켜 줄 필요가 있어 보였다. 정신분석의 근본 규칙에 따라 분석에서 바보 같거나 무의미한 생각은 없으며, 그렇게 느껴진다면 그것이야말로 중요한 생각이라고 말해 주었다. 특히 분석가가 질문하지

5) 지그문트 프로이드. 임홍빈. 홍혜경 옮김. 「27. 전이」『정신분석 강의』 열린책들. 2010. p.591

않는다 하더라도 떠오르는 생각들을 자유롭게 이 야기해달라고 요구했다. 그리고 나는 침묵하며 환자가 스스로 말하기를 기다렸다.

침묵은 부정적인 효과를 일으켰다. 연상의 요구 이후 환자가 어떤 내용에 대해 말할 것이라 기대했다. 하지만 환자는 기어코 아무 말도 하지 않으려 했다. 교착의 상황을 타개하기 위해서는 환자와의 타협이 필요해 보였다. 분석이 진행되기 위해서는 침묵보다 질문이 적절해 보였으며, 환자에게 어째서 말을 하지 않는지 그리고 지금 어떤 생각을 하고 있는지 물어보았다. 그러자 환자가 말할 수 없었던 것은 바로 분석가를 향한 증오와 공격성이라는 사실을 알 수 있었다. 이 증오와 공격성의 존재, 그리고 그것의 발화를 거부하는 태도는 증상과 밀접한 관련이 있었다. 따라서 그것들을 말로 표현할 필요가 있었다. 다만 환자가 정말로 그것들을 말해도 되는지 의심할 수 있는 듯 보였다. 나는 그것들을 말한다고 해서 아무런 해도 없을 것이며, 분석가와 관련된 감정들을 말로 풀어놓는 것이야말로 중요하다고 말해 주었다.

그럼에도 환자는 그것을 말하기를 거부했다. 분석가가 태도를 굳건히 할수록 환자의 저항은 거세졌고, 급기야는 분석을 중단하기에 이르렀다. 이를 통해 환자는 공격성을 드러내고 싶었던 것이 아니라 억압하고 싶어 했던 것이며, 자유로운 말하기보다는 분석가와의 대화를 원하고 있었다는 사실을 알 수 있었다.

이와 유사한 사례는 분석에서 여러 차례 반복되었으며, 매 순간 굉장히 인상 깊게 다가왔다. 이러한 상황이 인상 깊었던 이유는 두 가지다. 첫 번째로 상황이 굉장히 급변하기 때문이다. 분석가와 환자의 관계가 몹시 좋았다가도 분노와 적개심에 가까워지면 분석가와의 관계는 급속도로 악화된다. 마치 한 번도 알지 못했던 사람인 것처럼 환자의 태도는 매우 냉정해지고, 분석가를 떠나는 데 아무런 망설임이 없어 보였다.

두 번째 이유는 분석 작업이 별다른 효과를 발휘하지 못하는 것처럼 보였기 때문이다. 분석 작업이 진행되면 환자의 내적인 저항들이 감소되고, 환자의 의식은 점차 넓어진다. 즉, 환자는 저항을 인식하고 그것을 극복하는 과정이 주는 치료적 효과를 실제로 체험했다. 그렇기 때문에 이처럼 심각한 저항이 나타났을 때, 지금까지의 분석의 성과들이 효과를 발휘하리라 가정할 수 있다. 따라서 저항을 극복하고자 하는 노력이 환자의 편에서 자발적으로 나타나리라 기대하는 것도 무리는 아니다. 그러나 실제로 일어난 상황은 달랐다. 오랜 기간 동안 분석을 한 환자들도 말할 수 없는 것에 근접하자 서항을 극복할 생각을 하지 못했다. 그간 분석을 통해 얻어냈던 모든 지식이 사라지는 것처럼 보였다. 심지어 어떤 환자는 자신의 태도가 저항임을 알고 있었지만, 그것을 극복하고 싶어 하지 않았다. 오히려 환자는 저항을 극복하도록 만들려는 분석가의 태도를 불쾌하게 느끼기도 했다. 마치 환자의 저항은 도저히 극복할 수 없는 것처럼 보였다.

말하자면 '저항을 극복하려는 것에 대한 저항'이 나타난 것이다. 따라서 저항이 왜 나타나는지 분석해 볼 필요가 있다. 가장 먼저 이러한 저항은 '전이-저항'에 속한다. 전이는 분석가를 향한 감정이 활성화되는 것을 의미한다. 환자는 분석가에게 적개심을 가졌다. 이는 부정적인 전이이다. 다만 환자는 이것들을 표현할 수 없다고 느꼈다. 따라서 전이는 억압되어 있으며, 분석에 대한 저항에 일조하고 있으므로 저항이라 할 수 있다. 물론 전이가 부정적이었기 때문에 억압과는 관련 없다고 볼 수도 있다. 하지만 분명 분석가를 향한 증오를 억압하지 않고 그대로 드러내는 환자들도 존재한다. 겉으로 드러난 부정적 전이의 유형과 비교해 보면 현재 여기서 다루는 전이는 억압된 것이라 간주해도 무방하다.[6]

두 번째 이 사례는 프로이트의 「끝낼 수 있는 분석과 끝낼 수 없는 분석」에서 언급된 사례와 유사하다. 이 논문에서 프로이트는 분석이 지속된다 할지라도 반복적으로 나타나는 증상적 행동이 존재한다는 사실을 언급한다. 이는 남성 환자와 여성 환자모두에게 나타난다. 먼저 남성 환자는 분석가의 말을 따르기를 거부하는 태도를 보인다. 여성 환자의 경우 아무리 분석을 받아도 치료될 수 없을 것이란 우울로 나타난다.

---

6) 같은 책. pp.594~596

여자의 음경에 대한 소원으로부터는 이와 비슷한 전이가 만들어질 수 없다. 그 대신 그것은, 분석 치료가 쓸모없으며 환자가 어떤 도움도 받을 수 없다는 내적 확신에 의한 심각한 우울증 발생의 근원이 된다.[7]

이 두 가지 태도에는 한 가지 공통점이 있다. 아무리 그것을 분석하려 해도 분석이 불가능하다는 것, 즉 환자로 하여금 그 태도를 포기하고 분석을 진행하도록 만들려고 해도 더 이상 환자는 분석가의 말에 영향을 받지 않는다. 따라서 프로이트는 이 지점에 도달하면 분석은 불가능하며 종결된다고 말한다.

여기서 다루는 사례는 프로이트의 사례와 마찬

---

7) 지그문트 프로이트. 이덕하 옮김. 「끝낼 수 있는 분석과 끝낼 수 없는 분석」 『끝낼 수 있는 분석과 끝낼 수 없는 분석』 도서출판b. 2004. p.377

가지로 분석의 한계에 부딪힌 것이라고 볼 수 있다. 프로이트는 이 분석의 한계에 대해 다음과 같이 말했다. "분석 치료 중에 이 요인을 극복하는 데 성공할 수 있는지 있다면 언제 성공할 수 있는지에 대해서는 말하기가 쉽지 않다. 우리는 우리가 확실히 피분석자에게 그 요인에 대한 그의 태도를 재고해 보고 바꿀 수 있도록 가능한 모든 자극을 주었다는 것을 위안으로 삼을 수 있을 것이다."[8]

그렇다면 이러한 한계가 왜 발생한 것일까? 이것이 분석기술의 한계 때문에 나타난 일인지 아니면 다른 이유 때문에 발생하는 것인지 좀 더 면밀하게 살펴볼 필요가 있다. 환자의 요구에 맞추어 약간의 유연성을 발휘해야 했는지, 아니면 분석의 규칙을 강하게 지키는 선택이 옳았는지 알고 싶기 때문이다.

---

8) 같은 책. pp.378~379

03 감춰진 공격성과 공격성의 원인

✎ 문제의 시작은 분석가의 침묵이었
다. 지금까지 분석이 정체상황을 겪게 되면 저항을
극복하기 위해 환자에게 구체적인 질문들을 던지곤
했다. 이는 환자가 명시적/암묵적으로 질문을 바라
고 있는 것처럼 보였기 때문이기도 했다. 환자가 침
묵할 때 적어도 '왜 아무 말도 하지 않으시나요?'
정도의 질문을 하지 않는다면 분석은 진행되지 않
았다. 그러나 환자의 기다림이 저항이라는 사실을
파악하고 나서는 더 이상 질문하지 않고 침묵할 필

요가 있었다. 이 침묵과 함께 분석의 진행이 어려움에 부딪히기 시작했다.

침묵이 불러일으키는 효과에 대해서 이해하기는 그리 어렵지 않다. 분석기의 침묵은 환사의 요구를 거절하는 것이다. 환자는 분석에 오면서 어떤 요구를 가지고 온다. 환자의 침묵은 환자의 요구이기도 하다. 환자는 침묵하며 분석가가 먼저 말 걸어주기를 요구한다. 이 요구는 지식을 가진 자로서 분석가를 향해 기대하는 것 그 자체라고 할 수 있다. 분석가는 지식을 가진 자로서 환자의 증상을 치료하기 위해 분석을 지휘하도록 요구받는다. 지휘의 방향성은 분석가의 질문을 통해 드러난다. 분석가의 질문은 환자가 무엇을 해야 하는지 알려준다. 예를 들어 '왜 침묵하시나요?'라는 질문은 환자가 침묵의 이유에 대해서만 생각할 수 있도록 방향을 제시한다. 환자는 지식을 가지고 있지 못하기에 그러한 분석가의 질문에 부응하며, 그것에 대답하기 위해 최선의 노력을 다한다. 반대로 분석가의 침묵은 방향 정하기를 거부하고 환자의 욕망이 이끄는 대로 진행되도록 만든다. 이는 말 그대로 환자에게 '자유'를 주는 것이다. 그러나 침묵은 동시에 환자의 요구를 무시하는 결과를 낳았다. 환자에게 분석가의 침묵은 거절을 의미했다.

환자는 자신의 요구가 거절당하자 강한 분노를 느꼈다. 그런데 한 가지 이해할 수 없는 사실이 있다. 왜 환자는 이를 말하지 못했을까? 왜 환자는 공격성을 직접적으로 표현하는 대신 분석을 중단하는 방향을 선택했을까? 심지어 환자는 그것들을 표현해도 좋으며, 그것이야말로 증상을 해소하는 데 중요한 것들이라는 안내를 받았음에도 불구하고 말하기를 거부했다.

첫 번째 가설은 분석적 관계가 공격성을 표현하

기에 적절하지 않았다고 세워봄직하다. 이를 확인하기 위해서 공격성과 관련한 사례들을 떠올려 볼 필요가 있다. 먼저 좌절로 인한 공격성이 표현되지 않는 일반적인 상황을 생각해 보자. 우리가 길 가는 사람에게 어떤 요구를 한다고 해보자. 그들이 우리의 요구를 거절한다면 우리는 불쾌함을 겪을 순 있어도 그것을 표현하지는 않는다. 왜냐하면, 말 그대로 우리가 요구를 건넨 상대방이 '아무것도 아닌 사람'이기 때문이다. 즉, 아무런 관계도 아닌 경우일 경우 주체는 자신의 분노를 표현하지 않는다. 그런데 이러한 분석이 반드시 옳은 것은 아니다. 간혹 생면부지의 사람에게도 요구를 거절당했을 때의 불쾌감을 언어적/물리적으로 표현하는 사례도 발견할 수 있기 때문이다.

반대로 좌절 섞인 분노가 표현되는 경우도 있다. 가장 대표적인 관계가 바로 부모와의 관계다. 부모로부터 관심과 사랑을 받고 싶은데, 부모는 그것을 주시 않는다. 이를 통해 아이는 부모가 자신을 사랑하지 않는다고 생각한다. 하지만 아이는 부모가 여전히 자신을 사랑한다고 믿고 싶어 한다. 아이는 부모의 요구와 욕망을 충족시키면 부모가 자신을 사랑해 줄 것이라 믿는다. 따라서 아이는 부모의 욕망을 충족시키기 위해 노력한다. 하지만 그러한 노력에도 불구하고 아이가 원하는 사랑을 부모가 주지 않으면 아이에게는 좌절로 인한 분노가 쌓이게 된다. 분노가 한계를 넘어서면 참다못한 아이는 '역시 엄마는 나를 사랑하지 않아'라고 생각하며 그간 억눌러왔던 분노를 표현한다.

이러한 표현은 두 가지 사실을 전제한다. 첫 번째 아이는 부모에게 독점적인 사랑을 받길 원한다. 이때의 독점적인 사랑이란 단순히 부모가 자기만을 사랑해 주길 바란다는 것이 아니다. 아이가 부모를 통해 받길 원하는 사랑은 다른 누군가를 통해서는 채울 수 없으며, 반드시 부모를 통해서만 채울 수 있는 결핍에 대한 것이다. 그렇기 때문에 아이는 직접적으로 부모에게 요구한다.

두 번째 아이는 자신이 결핍된 존재라는 사실을 인정한다. 타자를 향한 부정적인 감정이 표현될 수 있는 것은 주체가 자신의 결핍을 인정했을 경우다. 분노의 표현은 주체의 요구, 결핍의 표현이기도 하다. 이런 의미에서 환자가 좌절을 경험했지만 그것을 표현하지 않는 까닭은 그것들을 표현하게 되면 자신이 결핍된 존재임을 인정하는 것과 같기 때문이라고 볼 수 있다.

04 나르시시즘적 사랑의 기능

✎ 주체의 결핍이란 무엇일까? 환자는 자신의 결핍을 드러내는 것을 선택하기보다는 분석가와의 관계를 끝내는 것을 선택했다. 분석가와의 관계는 분명 긍정적이었다. 분석가와의 관계가 정말로 긍정적이었다면 어떻게 주체는 이러한 선택을 할 수 있을까? 이 긍정적인 관계를 사랑이라고 해보자. 만약 주체가 자신에게 관심을 베풀어주는 타자를 사랑하게 된다면, 어째서 주체는 사랑받는 타자인 분석가의 말을 따르지 않는 것일까?

그것은 애정 어린 그리고 아주 헌신적인 애착 관계가 다른 한편으로 고백에 따르는 모든 어려움을 극복하는 데 도움이 되기 때문이다. 실제 상황에서 비슷한 경우에 우리는 이렇게 말하곤 한다: 당신 앞에서 나는 부끄럽지 않아요. 나는 모든 것을 당신에게 말할 수 있어요. 그러므로 의사에의 전이는 고백을 쉽게 하는 데에도 마찬가지로 기여할 수 있다. 따라서 우리는 왜 전이가 어려움을 불러일으키는지 이해할 수가 없다.[9]

프로이트가 지적하듯 인간은 자신이 사랑하는 사람의 말을 따른다. 사랑하는 사람은 자신이 원하지 않더라도 타자가 원한다는 이유로 기꺼이 타자가 원하는 것들을 할 수 있다. 왜냐하면, 사랑은 타자만이 줄 수 있는 어떤 대상에 주체가 결속되는

---

9) 지그문트 프로이트. 이덕하 옮김. 「전이의 역동에 대하여」 『끝낼 수 있는 분석과 끝낼 수 없는 분석』 도서출판b 2004. p.38

과정이기 때문이다. 주체의 결핍을 해소할 수 있는 '유일한 대상'이 타자에게 존재한다고 해보자. 이때 주체는 그 대상을 받기 위해 기꺼이 사랑하는 사람의 말에 따르게 된다. 자신의 욕망과 요구보다는 타자의 욕망에 더 많은 관심을 기울이게 된다. 주체는 자신이 원하는 대상을 받기 위해 타자가 원하는 것을 주게 되는데, 이것이 시쳇말로 사랑에 빠진 사람을 '사랑의 노예'라고 부르는 이유이기도 하다.

분석에서의 사랑이 진정한 사랑에 속했다면 주체는 말하길 원치 않더라도 분석가가 원한다는 이유로 충분히 말을 할 수도 있다. 그리고 이런 일이 발생하기 위해서 주체는 자신의 결핍을 인정해야 한다. 주체 자신은 갖고 있지 않으며 분석가를 통해서만 채울 수 있는 것이 있다는 사실이 인정되어야 주체는 분석가의 말을 따를 수 있다. 이 유일한 대상은 바로 분석가의 지식이다. 분석가로서의 지식은 주체가 갖고 있지 못한 것이다. 주체는 알지 못하며 분석가는 더 많이 안다고 가정되기에 주체는 분석가의 말을 따른다. 말하자면 분석에서의 사랑은 분석가의 지식에 대한 사랑으로 시작한다고 할 수 있다.[10]

그런데 지금의 상황에서 주체는 타자를 사랑하지만, 타자의 말을 따르지 않는다. 오히려 타자의 말과 욕망에 관심을 기울이기보다는 타자가 자신의 요구에 부응해 주기를 원하는 상황이다. 이는 주체가 분석가에게 지식이 있다고 간주하지 않는다는 것을 의미한다. 그러므로 지금 우리가 다루는 사랑은 어떤 특수한 사랑임을 짐작할 수 있다. 이는 분석가가 가진 지식에 대한 사랑이 아닌 다른 무엇인가에 대한 사랑이다.

이 사랑이 무엇인지 이해하기 위해서 분석상황을

---

10) 자크 라캉. 맹정현. 이수련 옮김. 『세미나 11 - 정신분석의 네 가지 근본 개념』 새물결. 2008. pp.351~353

좀 더 생각해 볼 필요가 있다. 주체는 왜 분석가를 사랑하는 것일까? 분석관계의 무엇이 사랑을 촉발했던 것일까? 환자는 분명히 분석가가 가진 지식이 아닌 분석가의 관심과 애정에 반응했다. 분석가의 질문 행위를 통해 드러나는 관심 말이다. 분석가는 질문을 던지며 주체의 담화에 관심을 보이며, 주체가 겪는 어려움을 극복하기 위해 함께 노력했다. 이뿐만 아니라 분석가는 주체가 겪는 상황을 심도 있게 이해하길 원하는 태도를 보였다. 분석가는 어떤 편견이나 판단도 없이, 무조건적으로 환자가 옳다는 전제하에 환자를 이해하고자 했다. 특히 환자의 주변에 있는 다른 사람들이 비난해서 감추고자 했던 태도들까지 말이다.

이러한 상황에서는 마치 분석가가 결핍된 주체인 것처럼 행동한다. 환자는 분석가의 결핍을 채워줄 수 있는 것, 이를테면 '말'들을 보유하고 있고, 그것을 욕망하는 분석가가 질문을 하도록 유도한다. 말하자면 분석에 필요한 지식이 분석가가 아닌 자기 자신에게 있는 태도를 취했다. 이는 폴 베르헤그가 말하는 도착자의 전이 양상처럼 보였다. "도착적 주체는 치료사를 모든 것을 아는 타자의 자리에 놓지 않는다. 반대로 지식은 도착자의 편에 존재한다."[11]

분석가가 침묵하기 시작하자 환자에게서는 즉각적으로 분노가 발생했다. 침묵은 분석가가 환자에게 투자하던 관심을 거두어드렸다는 것을 의미하며, 주체가 분석의 규칙을 따라야 하는 결핍된 존재라는 사실을 알린다. 이에 대한 반응으로 주체는 무의미함과 공허를 느꼈다. 문자 그대로 주체는 자

---

11) 원문 : The perverse subject doesn't put the therapist into the position of the all-knowing Other, the "subject-supposed-to-know." To the contrary, the knowledge lies on the pervert's side. Paul verhaeghe. trans. Sigi jottkandt 「Perverse Structure versus Perverse Traits」『On being normal and other disorders A manual for clinical psychodiagnostics』OTHER, 2004, p.421

기 자신이 아무것도 아닌 것 같다고 말했다. 우리는 이를 결핍이라고 할 수 있을 것이다. 그러니까 분석가의 관심은 주체에게 있는 이 결핍을 채워 넣는 기능을 했는데, 관심이 사라지자 결핍이 다시 드러나기 시작했다. 이와 동시에 증상들이 다시 나타나기 시작한다. 증상은 주체가 결핍과 마주했을 때 나타난다.

여기서 우리는 분석가의 관심이 하는 기능 그리고 결핍과 증상의 상관관계에 대해 분석해 볼 수 있다. 분석가의 관심이 주체의 결핍을 채워준다는 점에서 이 애정은 주체에게 나르시시즘적 만족을 준다고 할 수 있다. 그리고 주체는 분석가와의 관계를 통해 나르시시즘적 완전함을 경험하게 되고, 이렇게 되면 증상이 사라진다. 특히 주체가 호소하던 우울함과 무가치함과 같은 부정적인 정동들이 사라진다. 그러므로 주체가 요구했던 사랑은 나르시시즘적인 사랑이라고 할 수 있다. "사랑 관계에 있어서는 사랑받지 못하면 자존심이 떨어지게 되고, 반면에 사랑을 받으면 자존심이 올라가게 된다는 사실이다. 우리가 언급했듯이 나르시시즘적 대상 선택에 있어서의 목표와 대상에 대한 만족 여부는 바로 얼마만큼 사랑받느냐 하는 것에 달려있는 것이다."[12]

그런데 주체는 증상이 사라졌음에도 불구하고 분석을 지속한다. 그 이유는 무엇일까? 증상이 사라졌다면 자연스럽게 분석이 종료될 수도 있다. 하지만 주체는 분석을 지속했다. 분석가의 관심이 일시적으로 결핍을 덮어 가린 것일 뿐이기 때문이다. 주체에게 결핍은 여전히 존재한다. 분석가의 관심은 일종의 미봉책으로 그 상처를 잠시 동안 치유해 주었을 뿐이다. 주체는 분석을 중단한다면 증상이

12) 지그문트 프로이트, 윤회기, 박찬부 옮김 「나르시시즘 서론」 『정신분석의 근본 개념』 열린책들 2011 p.80

다시 나타나리란 사실을 알고 있었을 것이다. 이로 인해 주체는 분석을 통해 호전을 경험해도 '스스로' 중단하지 못했다.

분석가의 사랑은 주체의 증상에 대한 근본적인 대책은 되지 못했다. 증상은 사라지는 것처럼 보였다 하더라도 끊임없이 되돌아왔다. 왜 증상이 지속되는 것일까? 프로이트가 지적하는 것처럼 증상은 불만족 때문에 발생한다. 주체가 자신의 욕망을 포기하고 있기 때문에, 특히 성적인 차원에서 불만족을 겪기 때문에 증상에 시달린다. 여기서 말하는 성적인 만족이란 주체에게 '즐거움'을 주는 일들을 말한다. 성적 쾌락은 단지 육체적 성행위를 말하는 것이 아니라 정신적 수준에서 '쾌락'으로 경험되는 것까지 포함한다. 주체가 병에 걸린 이유는 성생활이 좌절되고 결핍되어 있음을 의미한다. 즉, 분석상황 바깥에서의 어떤 좌절을 경험한다는 말이다.

그러므로 다음과 같이 정리할 수 있다. 주체의 결핍이 강해질 때면 증상이 되돌아온다. 이러한 결핍 때문에 주체는 우울함 등에 빠진다. 이를 극복하기 위해 주체는 분석가를 찾는다. 그리고 분석가의 사랑은 그것을 '대신 충족시킨다'. 이를 통해 주체는 일시적으로 안정을 되찾는다. 이러한 이유로 주체는 분석을 지속한다. 하지만 분석의 바깥에서 좌절이 심해지는 상황이 발생하여, 성적 자극이 다시 강해지는 순간이 오면 주체는 다시 증상에 시달린다.

05 죽음 충동과 마조히즘

✎ 주체는 현재의 애정 대상이 자신에게 만족을 주지 못한다는 사실을 안다 해도, 그러한 관계가 자신에게 고통을 준다는 사실을 안다 해도 이를 포기하지 못하는 상태다. 주체가 현재 맺고 있는 관계를 포기하지 못하는 이유 중 하나는 현재 유지하고 있는 관계를 상실하는 것이 두렵기 때문이다. 현재의 관계를 끝내려 할 때 예상되는 파급효과들이 있기 마련이다. 그것에 대한 예상들이 주체를 불안하게 만들고, 따라서 자신의 욕망을 억압한다. 그런데 이렇게 욕망을 억

압하면서 관계를 유지하게 되면 증상이 발생한다. 이때 주체는 이렇게 발생한 증상만을 제거하기 위해 분석을 시작한다. 이와 같은 사례에서 분석가와의 관계는 마치 마취제와도 같다. 현재의 고통을 잠시나마 잊게 해서 상황을 그대로 유지시키는 마취제 말이다.

주체가 증상을 겪는다면 고통받기 마련이다. 증상들을 해소하기 위해서는 분석가를 향한 증오들 역시 표현할 필요가 있다. 말할 수 없는 증오 때문에 고통받는다면 그것들을 표현하는 것이 옳다. 적체된 분노를 말로 표현하는 것만으로도 긴장감을 해소하는 효과가 있기 때문이다. 인간이 쾌락을 추구한다면 억압된 충동들을 말로 표현하고 증상으로부터 해소되는 방향을 선택해야 한다. 그런데 지금의 상황은 이것과는 달랐다. 주체는 스스로 증상적 고통에서 벗어날 수 있는 방법을 마다한다.

분석의 바깥, 그리고 분석의 안에서 반복되는 태도가 있다. 주체는 스스로 불만족스러운 삶을 살고 있으면서도 고통을 감내하면서 사는 길을 선택한다. 환자는 쾌락이 아니라 불쾌를 선택한다. 어떻게 해서 이러한 일이 발생하는 것일까?

프로이트의 '죽음 충동'은 이를 설명하는 데 도움이 된다.[13] 성 충동이 쾌락을 향한다면 죽음 충동은 인간 주체의 죽음을 지향하는 충동이다. 인간에게 죽음 충동이 존재한다는 말은, 인간이 충동적인 수준에서 쾌락이 아니라 불쾌에 매혹될 수도 있다는 것을 의미한다. 그리고 프로이트는 자기 파괴적인 죽음 충동을 만족시키는 것을 가리켜 '마조히즘'이라고 불렀는데 마조히즘의 영향하에 주체는 스스로 불쾌한 삶, 고통받는 삶을 선택한다.

---

13) 지그문트 프로이트. 윤희기, 박찬부 옮김. 「쾌락원칙을 넘어서」, 『정신분석의 근본 개념』, 열린책들, 2011.

분석적 기교의 관습을 지켜 우선 마조히즘 가운데서도 극도의 형태, 틀림없이 병적인 것을 고려해 보자. 나는 다른 곳에서 분석 치료 도중 만나게 되는 특별한 환자들에 대해서 언급한 바 있는데, 이들에게는 치료적 영향에 대한 이들의 태도로 인해서 '무의식적' 죄의식이라는 이름을 붙이지 않을 수 없었다. 나는 그러한 사람들을 식별할 수 있는 기호('부정적 치료 반응')를 지적한 바 있고, 그러한 충동의 강렬함이 의학적 목적이나 교육적 목적에 가장 심각한 저항과 가장 큰 위험을 구성한다는 사실을 숨기지 않았다. 이러한 무의식적 죄의식의 만족이 아마도 병으로부터 얻는 그 사람의 (보통 합성적인) 반사 이익—병의 회복에 저항해서 투쟁하고 병적인 상태를 포기하지 않으려는 힘들의 총화—가운데 가

장 강력한 보루가 될 것이다.[14]

 마조히즘은 순수한 불쾌가 아니다. 마조히즘적 주체는 고통받는 삶 속에서 어떤 쾌락을 경험한다. 어떤 쾌락인가? 주체는 무의식적 죄의식으로 인해 긴장을 겪고 있다. 그리고 자신에게 고통을 가하는 상황을 반복함으로써 죄책감을 해소할 수 있게 된다. 주체는 이러한 자기 징벌적 행위를 통해 쾌락을 느낀다. 말하자면 주체가 현재의 고통스러운 상태를 유지하려 하는 까닭은 그것에 처벌적인 의미가 담겨있기 때문이다. 이는 분석가와의 관계에서 그대로 반복된다. 증상이 회복되지 않는다 하더라도 환자는 비용을 지불하며 분석가와의 관계를 유지하려고 한다. 오히려 회복에 적극적으로 저항하며

---

14) 지그문트 프로이트. 윤회기, 박찬부 옮김. 「마조히즘의 경제적 문제」 『정신분석의 근본 개념』 열린책들. 2011. pp.425~426

병들어있는 상태를 유지하려고 한다.[15]

　말하자면 고통받는 것이 주체가 관계를 맺는 방식, 좀 더 정확히 말해 '쾌락을 얻는 방식'이라고 할 수 있다. 주체에게는 죄의식으로 인한 긴장감이 과도하고, 따라서 이를 해소할 수 있기를 원한다. 주체는 타자를 위해 봉사하고 헌신하는 행위를 통해 죄의식을 덜어내며 쾌락을 얻어낼 수 있다. 이것은 앞서 언급했던 진정한 사랑과 유사해 보인다. 왜냐하면, 진정한 사랑 역시 자신의 욕망을 잠시 내려놓고 타자의 욕망을 따르기 때문이다. 하지만 여기에 분명한 한 가지 차이점이 있다. 진정한 사랑은 어디까지나 호혜성을 기반으로 한다. 즉, 주체가 타자를

---

15)　이후 프로이트는 무의식적 죄책감 대신 처벌의 욕구라는 개념을 사용한다. 죄책감은 정동에 속하는데, 무의식에는 정동이 아닌 표상들만 속할 수 있기 때문이다. 마조히즘적 주체는 원인을 알 수 없는 죄책감의 긴장에 지배받는다. 처벌은 죄책감을 해소할 수 있게 해주므로 주체는 처벌을 통해 긴장의 해소를 경험한다. 그런데 처벌은 주체는 고통에 빠드리므로 주체는 쾌락과 함께 고통을 추구한다.

위해 희생하는 까닭은 타자로부터 대상을 얻기 위해서다.

그런데 지금 다루는 주체에게서는 호혜성의 원칙이 지켜지지 않았다. 주체는 타자를 위해 희생하지만, 타자를 통해서 무엇인가를 되돌려받길 희망하지 않았다. 이로 인해 발생하는 결핍에 대해서도 독특한 태도를 취한다. 주체는 그 결핍을 타자를 통해서 채우고자 하는 것이 아니라 타자와의 관계 '바깥에서' 채우고자 했다. 이를테면 애인이 주지 못하는 것을 분석가를 통해 대신 채우고자 한다. 당연히 이러한 욕구가 채워지게 되면 주체와 타자의 애정관계는 유지가 된다. 즉, 주체는 타자와의 관계를 유지하기 위해 일방적으로 희생하는 태도를 취했다고 할 수 있다.

^{06} 살해의 충동으로서의 공격성

✎ 분석이 진행되면서 주체와 분석가 사이에 두 가지 관계의 양상이 나타났다. 하나는 분석가의 관심에 기반한 긍정적 관계이며, 두 번째는 분석가의 침묵으로 인해 유발되는 부정적 관계다. 침묵은 주체의 결핍과 공격적 충동을 불러일으킨다. 주체는 이러한 부정성을 감당하지 못한다. 주체와 분석가의 긍정적인 관계에 부정적 요인들이 끼어드는 일은 참지 못하고, 그 상황을 벗어나 버렸다.

환자는 침묵함으로써 공격적 충동에 방어했다.

그러므로 주체의 침묵은 말의 부재를 의미하지 않으며 공격적 충동에 대한 방어에 불과하다. 보복에 대한 두려움 때문에 주체는 공격적 충동을 언어화할 수 없었다. 주체는 공격성을 표현한 대가로 분석가가 어떤 방식으로든 공격할 것이라 예상했다. 여기에는 두 가지 문제가 있다. 첫 번째 주체는 왜 분석가가 보복할 것이라 예상하는 것일까? 나는 분명모든 것을 말해도 좋다고 말해 주었다. 자유연상은정신분석의 근본 규칙이고, 분석가가 하는 일은 그러한 말들 역시 듣는 것이라고 말해 주었다. 그럼에도 불구하고 주체는 발화를 거부했다.

두 번째 주체는 분석가와의 관계를 비대칭적으로 사유했다. 주체는 분석가의 보복에 대해 아무런 저항도 할 수 없을 것이라 느꼈다. 이 역시 흥미로운데, 왜냐하면 환자가 분석가와의 관계에서완전한 약자로서의 태도를 취하고 있었기 때문이다. 주체에게는 법이나 제도의 보호가 있으며 자유연상 역시 분석의 규칙하에 진행되는 것이다. 그러나 주체는 그 무엇으로부터도 보호받을 수 없다고 느꼈다.[16]

주체는 모종의 불안의 지배를 받고 있었다. 불안은 주체 자신의 공격적 충동 때문에 촉발되었으며, 주체가 연상을 하지 못했던 이유는 불안 때문이었다. 그렇다면 왜 주체는 분석가의 말을 믿지 못하고 분석가가 보복할 것이라 생각했던 것일까? 주체는 왜 자신의 공격성으로 인해 타자의 보복을 두려워할 수밖에 없었을까? 여기에는 주체의 판단이 존재한다. 주체의 충동은 분석가가 감당할 수 없을 정도로 거대한 것이었다. 주체는 분노의 강대함 때문에 그것을 표현할 수 없다고 판단했다. 분석가가 아무리 인내심이 좋다고 할지라도 주체 스스로 감당

---

16) 여기서 앞선 거세의 암초에서 여성 환자가 어떤 것으로도 도움받을 수 없다고 느낀다는 프로이트의 언급이 떠오른다.

할 수 없을 것이란 예상을 했기에 그것에 대해 말할 수 없었다.

주체가 말할 수 없었던 증오는 단순한 미움이 아니었다. 이는 분석가를 향한 살해 충동이었다. 분석상황이 불러일으킨 충동이 일상적인 미움이 아니라 살해하고 싶은 충동이었던 것이다. 즉, 자신의 요구가 거절당해서 좌절이 발생할 때 주체는 살해의 충동을 경험했다. 주체는 자신의 충동을 인정할 수 없었고, 그것에 방어했다. 주체가 분석가를 살해하고 싶은 충동을 가지고 있는 만큼 주체 역시 분석가가 자신을 살해하고 싶어 하리라 예상했다. 주체는 자신의 표현이 분석가에게 수용될 수 있을 것이라 믿지 않기 때문이다.

이 사례는 매우 인상 깊었다. 왜냐하면, 타자를 죽여버리고 싶다는 충동이 그리 쉽게 드러나는 것은 아니기 때문이다. 모든 사람이 요구가 거절당할 때 살해에 대한 충동을 품지는 않는다. 이를테면 요구가 거절당할 때 죄의식을 느끼는 경우도 있다. 자신이 무엇인가 잘못해서 상대방이 요구를 들어주지 않는다고 이해하는 경우다. 물론 주체는 타자에 대한 분노를 느낀다. 하지만 그 분노가 자기 자신을 향해 돌아온 경우라 할 수 있다. 다른 경우 주체는 요구가 거절당할 때 단순한 불쾌감을 느끼기도 한다. 자신이 당연한 말을 한다고 생각하며 타자 역시 자신의 호소에 대해 크게 반응하지 않을 것이라 예상하기도 한다.

그러나 주체는 자신의 분노가 너무나 거대한 나머지 그것을 표현할 수 없었다. 주체의 분노는 모든 주체에게 동일한 것이 아니라 해당 주체가 갖는 고유성을 암시하는 것처럼 보인다. 이 고유성이 무엇인지 이해하기 위해서는 주체가 갖는 살해 충동의 역사를 살펴볼 필요가 있다.

✍️ 「문명 속의 불편함」에서 프로이트가 말하듯 모든 사람에게는 살해의 충동이 존재한다. "앞으로는 공격 본능이 인간에게 원초적이고 독립된 본능적 소질이라는 관점을 채택하고, 공격 본능이 문명에 가장 큰 장애가 된다는 앞에서 밝힌 견해로 돌아가고자 한다."[17] 충동을 가진 존재로서 인간은 만족을 추구한다. 그런데 그 만족을 빼앗기면 주체에게서는 그것을 빼앗은 타자에 대해서 증오가 발생한다. 그리고 만족을 되찾기 위해 타자를

---

17) 지그문트 프로이트. 김석희 옮김. 「문명 속의 불만」 『문명 속의 불만』 열린책들. 2011. p.301

살해하고 싶어 하는 충동이 발생한다. 그리고 이러한 파괴적 충동은 나르시시즘적 만족을 준다. 타자를 파괴하고자 하는 경향을 사디즘이라고 한다면, "사디즘의 성적 목적과는 관계없이 맹목적인 파괴성으로 나타나는 경우에도 우리는 그 본능의 만족이 강렬한 나르시시즘적 쾌감을 수반한다는 사실을 인정하지 않을 수 없다."[18]

그러나 이것은 전적으로 충동의 논리다. 충동의 지배에 따른다면 문명은 형성될 수 없다. 인간은 충동의 덩어리로서 태어난다. 하지만 성인이 되는 과정에서 충동은 억압되어 자취를 감춘다. 특히, 억압은 살해의 충동을 겨냥한다. 인간이 서로에 대해서 살해의 충동을 갖지 않는 것은 '문명의 조건'이다. 그리고 이것이 이루어지기 위해서 서로의 것을 빼앗지 않겠다는 상징적인 협약이 필요하다. 왜냐하면, 살해의 충동은 쾌락의 대상을 빼앗길 때

18) 같은 책, 같은 쪽

발생하기 때문이다.

프로이트는 "문명의 발달 과정과 개인의 리비도가 발달하는 과정의 유사성을 깨닫지 않을 수 없다"[19]고 말한다. 프로이트의 오이디푸스 콤플렉스는 문명과 충동의 변천 과정이 가정 내의 드라마로 재현되는 경우다. 오이디푸스 콤플렉스는 다음과 같은 형태로 진행된다.

이제 막 태어난 어린아이는 어머니로부터 보살핌을 받는다. 그리고 아이는 어머니로부터 보살핌을 받으며 동시에 쾌락을 경험한다. 아이는 어머니의 젖가슴을 빨며 배고픔을 채우지만, 동시에 구강의 수준에서 쾌락을 경험한다. 이 과정을 거치면서 유아는 어머니를 쾌락의 대상으로 간주하게 된다.

아이는 쾌락의 대상으로서의 어머니를 사랑하고 온전히 소유하고 싶어 한다. 그러나 유아와 어머니

---

19) 같은 책. p.273

의 관계는 유아의 소망처럼 완벽하지 않다. 왜냐하면, 어머니에겐 아버지가 있기 때문이다. 어머니는 유아만 보살피는 것이 아니라 자리를 비우기도 한다. 어머니가 자리를 비우면 아이의 충동은 충족되지 않고 좌절을 경험한다. 한동안 아이는 어머니가 왜 자리를 비우는지 이해하지 못한다. 시간이 지나면서 아이는 어머니의 부재하는 까닭이 아버지 때문이라는 사실을 알게 된다. 이제 어린아이는 어머니를 빼앗아간 아버지에 대해 공격성을 느낀다. 단순히 아버지를 때리고 싶다는 생각을 넘어서 아버지를 살해하고자 하는 충동에 휩싸인다. 빼앗긴 어머니를 되찾기 위해서 말이다. 이것이 오이디푸스 콤플렉스다.

그러나 아이는 아버지와의 대결에서 승리할 수 없다는 사실을 이미 알고 있다. 아버지가 자신보다 훨씬 더 강력하다는 사실을 알고 있기 때문이다.

주체는 아버지가 자신의 살해 충동에 대해서 안다면 아버지 역시 자신을 살해하고 싶어 할 것이라 예상한다. 따라서 아이는 아버지의 처벌을 두려워하며 살해의 충동을 감춘다. 이러한 태도는 어른들에게서도 발견된다. "그런 사람들은, 나쁜 짓을 해도 권위자가 알아내지 못하거나 알아내더라도 그들을 나무라지 못할 거라고 확신하면, 그들에게 즐거움을 약속하는 나쁜 짓을 습관적으로 거리낌 없이 저지른다. 그들은 단지 권위자에게 들킬 것을 두려워할 뿐이다."[20]

아이가 살해 충동을 감추는 이유는 힘의 논리 때문이다. '법'이나 '윤리'가 아니란 말이다. 아이는 싸워서 아버지를 이길 가능성이 없기 때문에 살해 충동을 감춘다. 만약 아이가 이러한 충동을 억제할 때면 어떤 생각을 할까? 자신의 약함에 대한 수치

20) 같은 책. p.305

심, 아버지에 대한 패배감들에 휩싸일 것이다. 자신이 어머니를 원하는 만큼, 이러한 고통은 더욱 크게 경험된다. 유아와 아버지 사이에는 생물학적인 특징으로 인해 극복할 수 없는 한계가 있으며, 주체는 기울어진 형태의 권력에 대해서 참을 수 없는 분노를 경험한다.

아이의 오이디푸스 콤플렉스는 아이가 어머니를 포기함으로써 종결된다. 아이는 '어머니는 아버지의 여자'라는 생각을 받아들이고 어머니를 포기한다. 이를 통해 아이는 아버지의 것이 아닌 자신의 것을 찾아야 하는 욕망의 길로 들어선다. 아버지의 것과 아이의 것을 구분 짓는 상징적 법이 아이에게 내면화된 것이다. 법이 내면화됨에 따라 아버지는 더 이상 경쟁 상대가 아니게 된다. 아이는 아버지를 살해하고 싶어 하지 않으며, 이와 더불어 아버지에 대한 두려움으로부터도 해방된다.

그렇다면 아이는 왜 아버지를 받아들일까? 아이가 오이디푸스 콤플렉스를 포기하는 이유는 아버지로부터 사랑받기 위해서다. 남자아이와 여자아이 모두에게 아버지를 향한 사랑이 존재한다. 아버지는 쾌락을 박탈하는 존재다. 하지만 아이는 그러한 아버지를 사랑하기에 아버지의 말을 따른다. 사실 아버지는 단순한 박탈자가 아니다. 아버지는 박탈자인 동시에 아이를 어머니의 손아귀에서 구출해내기도 한다. 어머니의 보살핌하에서 아이는 분명 쾌락을 경험한다. 하지만 아이는 어머니에게 종속되어 있을 수밖에 없다. 어머니는 자신의 기분에 따라 유아의 욕구를 충족시켜줄 수도 있고 아닐 수도 있다. 유아는 불만족스러운 상태에 있다 하더라도 어머니의 보살핌만을 기다려야 한다. 어머니에게 의존하는 아이는 보살핌의 부재 속에서 극심한 결핍과 불안에 시달려야 한다. 이러한 종속 때문에 어머니와 아이의 관계는 '완전한 만족의 땅'이 아니다.

이런 상황에서 아버지는 아이를 어머니로부터 떼어놓는다. 자신이 원하는 바가 있으면 어머니를 떠나서 스스로 얻어야 한다고 가르친다. 아이는 아버지를 통해서 결핍을 채울 수 있는 대상을 스스로 찾아서 움직이는 주체가 된다. 아이가 아버지의 금지를 받아들이는 이유는 여기에 있다. 아이는 자신의 결핍을 채워 쾌락을 추구할 수 있을 뿐만 아니라 어머니의 부재 속에서 느껴야 하는 불안으로부터도 해방된다. 스스로 몸을 움직여야 한다는 노고가 있지만, 주체가 됨으로써 아이는 어머니에 대한 예속에서 벗어날 수 있게 된다. 아이에게는 이러한 욕망이 있기에 금지를 받아들인다.

그런데 오이디푸스 콤플렉스가 항상 이처럼 해소되는 것은 아니다. 오이디푸스 콤플렉스는 부분적으로만 해소될 수도 있다. 아이가 아버지의 입장을 받아들이려고 했지만, 이것이 의식 수준에서 일어났을 수 있다. 아이는 의식적으로는 아버지에 동의하며 아버지의 법은 내면화된다. 하지만 오이디푸스적 사랑과 증오는 무의식 수준에 남는다. 그런데 아이는 의식 수준에서는 아버지에게 동의하므로 자신의 충동에 대해 죄책감을 갖게 된다. 어머니를 앗아간 아버지를 증오하는 것이 아니라 완전히 어머니를 포기하지 못한 자기 자신을 증오하는 것이다. 이것이 앞서 말했던 공격성이 자기 자신을 향해 되돌아오는 경우다. 말하자면 주체는 어머니로부터 분리되고자 하는 욕망이 있지만, 아직 완전히 성취되지 못한 경우라 할 수 있다. 이런 경우 주체는 좌절의 상황에서 자기 자신의 잘못을 찾게 된다.[21]

---

21) 아버지의 권위, 초자아의 내면화와 죄책감에 대한 논의는 다음을 참조했다. 지그문트 프로이트. 김석희 옮김. 「문명 속의 불만」『문명 속의 불만』 열린책들. 2011. p.302~315

반대로 아이는 어머니의 상실을 거부할 수도 있다. 아버지가 아이와 어머니의 사이를 갈라놓는다. 하지만 아이에게는 아버지를 따르고자 하는 욕망이 없다. 오히려 아버지를 거부하며 더욱 어머니의 품으로 파고들려 할 수도 있다. 이렇게 되면 아이의 증오는 자기 자신을 향해 돌아오지 않는다. 유아는 자신을 좌절시킨 아버지에 대한 증오를 갖게 되며, 이로 인해 아버지로부터 보복당할 것을 두려워하게 된다.

오이디푸스의 해소 양상이 중요한 이유는 이것이 좌절에 대해서 주체가 대응하는 방식에 영향을 미치게 되기 때문이다. 어머니의 상실은 최초의 좌절로서 아이에게 영원한 흔적을 남긴다. 오이디푸스적 좌절에 대처했던 방식은 이후 주체가 살아가면서 좌절에 대처하는 방식에 새겨지게 된다.[22] 이러한 '주체

---

22) 조엘 도르. 홍준기 옮김. 「심리적 구조와 팔루스의 기능」 『라깡과 성신분석 임상 : 구조와 도착증』 아난케. 2005.

의 구조'는 분석에서도 드러난다. 분석에서 좌절이 발생하면 오이디푸스적 상황이 재활성화된다.

이러한 관점에 따라 지금의 주체를 살펴보자. 주체는 쾌락을 박탈하는 아버지에 대해서 강렬한 증오를 드러냈다. 물론 주체는 이를 감추려 했다. 하지만 이는 주체가 충동 자체에 대해서 부정적으로 인식하는 것이 아니다. 주체는 자신의 분노는 정당하지만, 힘의 논리로 인해 그것을 표현할 수 없다고 느꼈다. 즉, 주체는 충동을 가진 스스로를 비난하는 것이 아니라 단지 타자에 대해서 감췄을 뿐이다. 이는 주체가 갖는 독특한 태도를 보여준다. 좌절과 그것에 대한 태도는 환자에게 주체로서의 욕망이 아니라 어머니의 아이로 되돌아가고자 하는 욕망이 있음을 암시한다.

^{08} 거세의 부정

✎ 분석에서 나타난 소망은 어머니와
의 합일을 다시 이루는 것이다. 즉, 주체는 아버지
가 개입하기 이전의 둘만의 낙원으로 돌아가고자
하는 소망을 품고 있었다. 이러한 소망은 오이디푸
스 콤플렉스가 종결되지 않은 결과일까? 주체의 성
장 과정에서 아버지의 개입이 제대로 이루어지지
않아 정상적인 발달 과정이 진행되지 않고 중간에
멈춘 것 말이다. 하지만 여기서 주목해야 할 점이
있다. 주체는 어머니와 합일을 '다시' 이루고자 한
다. 어머니에게 다시 돌아가고 싶다는 말은 거세가

일어났음을 알고 있다는 것을 의미한다.

즉, 어린 시절 아이는 어머니의 품을 벗어나서 주체가 되었어야 했다. 하지만 주체는 이를 거부하고 다시 돌아가고자 한다. 주체의 발달은 중간에 고착된 것이 아니며, 주체는 거세에 대해서 잘 알고 있다. 주체가 우울증과 상실감으로 고통받는 이유는 이 때문이다. 이 거세의 고통에 대하여 주체는 이미 일어난 거세를 거부하고, 거세 이전으로 돌아가고자 하는 태도를 취한다. 주체는 현실을 대신하여 모성적 타자에 대한 환상을 추구한다. 즉, 거세의 부정은 거세에 대하여 주체가 취한 선택과 태도를 의미한다. 주체가 치료를 희망하는 이유 역시 이러한 사랑의 부재 때문이라고 이해할 수 있다.

그렇다면 왜 주체는 모성적 사랑을 요구하는 것일까? 왜 거세가 일어났다는 사실을 알고 있으면서도 그것을 거부하는 것일까? 다시 한 번 프로이트로 돌아가 보자. 프로이트에 따른다면 오이디푸스 콤플렉스는 거세 위협 때문에 억압된다. 성기를 가지고 노는 아이에게 '계속 그런 일을 하면 성기가 다칠 거다'라고 말하는 상황을 생각해 보자. 아이가 이 말을 듣기 위해서는 어른의 말이 현실이 될 수 있음을 알아야 한다. 프로이트는 다음과 같이 설명한다. 어린아이는 여자에게도 남성기가 있다고 믿는다. 그런데 어른의 거세 위협을 들은 이후 생각이 바뀐다. 아이는 여자에게는 남성기가 없으며 어른의 거세 위협 때문에 잘려나갔다는 생각을 한다. 이렇게 되면 비로소 거세의 위협이 현실화되며, 아이는 그에 대해 두려움을 겪는다.

거세의 위협에서의 핵심은 남근에 대해서 아이가 취하는 태도, 그리고 이것이 '말'에 미치는 영향이다. 거세가 이루어지기 위해서는 아버지의 거세 위협이 현실적인 말로서 인정되어야 한다. 오이디푸스 콤플렉스가 해소되지 않는 이유도 여기에 있다. 아이가 아버지의 말이 진실이 아닐 것이라는 생각을 하면 아이는 거세를 거부할 수 있게 된다. 그렇다면 무엇이 아이로 하여금 아버지의 말을 존중하지 않도록 만드는 것일까?

아이가 직접적으로 아버지의 말을 무시하고 어머니를 손에 넣으려 하는 일은 불가능하다. 아이의 눈에 아버지는 거대하고 너무나 강력한 존재이기 때문이다. 아이가 아버지를 무시한다면, 이는 어머니가 거세를 위반하고 아이에게 접근했기 때문이다. 상황은 다음과 같다. 아이의 소망은 거세로 인해 금지당한다. 아이는 그것을 포기하면서 고통을 받는다. 어머니는 아이가 그러한 쾌락을 포기하지 않을 수 있도록 도와준다. 아이의 소망은 아버지에 의해 금지당했지만, 어머니는 아버지의 말이 갖는 가치를 무시하며 다시 그것을 허용해 준다. 이를 통해 아이는 아버지의 말을 듣지 않고 쾌락을 추구해도 된다는 사실을 배우게 된다. 어머니가 아버지의 말을 존중하지 않음에 따라, 아이 역시 아버지의 말을 무시하게 된다. 거세는 아이에 의해 부정되는 것이 아니라 어머니에 의해 부정된다.[23]

물론 거세의 부정은 성공적이지 않다. 왜냐하면, 거세는 이미 일어났기 때문이다. 아무리 어머니가 아이만을 사랑한다 해도 어머니와 아이가 항상 함께할 수는 없다. 어머니의 부재에 대해서 아이는 어머니가 자신만을 사랑하지 않는다는 사실을 알게 된다. 어머니는 말로는 아버지를 부정하며 아이를 사랑한다 말하지만, 아이의 눈에는 그녀가 거짓말을 하는 것처럼 비칠 수 있다는 말이다. 즉, 아이는 자신과 어머니 사이의 사랑이 완벽하지 않음을 경험한다.

---

23) 조엘 도르. 홍준기 옮김. 「거세 공포와 여자와의 관계. 도전과 위반」, 『라깡과 정신분석 임상 : 구조와 도착증』 아난케. 2005.

아이는 이러한 결핍을 채워 넣기 위해 새로운 도구가 필요하다. 어머니의 사랑을 상실했지만, 그 현실을 부정하고 여전히 어머니가 나만을 사랑할 것이라고 생각하도록 만들어 줄 도구 말이다. 말하자면 아이는 부재하는 어머니를 대신할 만한 도구를 찾는다. 도구에 대한 요구는 주체가 결핍에 대처하는 한 가지 방식이다. 이는 프로이트가 「페티시즘」에서 말했던 부인의 메커니즘과 유사하다. 부인은 어머니의 거세, 즉 결핍의 자리에 대체물을 위치시키는 기제다. 프로이트는 페티시가 어머니의 남근을 대체한다고 말한다. "절편음란물(필자주: 페티시)이란 남자아이가 한때 그 존재를 믿었던 여성의 남근, 혹은 어머니의 남근의 대체물이다."[24] 이러한 생각을 연장한다면 주체는 분석을 일종의 페티시로 다루고 있었던 것은 아닌지 고려해 볼 수 있다.

---

24) 지그문트 프로이트. 김정일 옮김. 「절편음란증」『성욕에 관한 세 편의 에세이』 열린책들. 2010. p.320

09 억압과 부정

✎ 환자는 분석이 주체에게 결핍된 사랑을 채워 넣어줄 수 있는 페티시처럼 기능하기를 요구했다. 분석은 환자의 요구를 충족시키는 수준에서 머물렀다. 그 이유는 주체가 스스로 저항을 극복할 수 없으며, 저항을 극복하기 위해서는 분석가의 도움이 필요하다는 생각이 있었기 때문이다. 그렇다면 다음과 같은 생각이 들 수 있다. 주체가 좌절을 감내하면서 극복하고 연상하는 것이 가능할까? 환자가 정신분석의 규칙을 지키는 것이 가능한 일일까? 애초에 인간에게 필요한 것은 '말하기'

가 아니라 타자의 사랑인 것은 아닐까?

물음에 대한 단서를 찾기 위해 프로이트를 살펴보자. 여기서 주목할 것은 바로 억압과 억압된 것의 회귀이다. 억압이란 무엇인가? 억압은 타자의 영향력에 의해 이루어진다. 욕망의 실현이 타자의 위협을 예고할 때 주체의 욕망은 억압된다. 그런데 억압은 언제나 되돌아온다. 증상은 억압된 욕망이 되돌아온 결과다. 억압된 것의 회귀는 주체의 욕망이 타자에 의해 억압됨에도 불구하고 그것을 거슬러 자신을 관철한다는 말이다. 가장 대표적인 현상은 바로 말실수다. 말실수는 억압된 주체의 의도가 타자라는 장벽 앞에서도 극명하게 드러내는 현상이다. 말실수는 타자에 대한 불안 앞에서 주체의 욕망을 드러낸다. 즉, 불안의 앞에서 진실을 드러내는 것이 무의식의 구조다. 만약 그렇다면 이는 분석 상황에서도 반복될 수 있다. 타자가 두렵다고 해서 말을 하지 않는 것이 아니라 오히려 그러한 조건에서 더욱더 자신의 언어를 주장하는 경우도 있다는 뜻이다.[25]

자유연상은 이와 같은 말실수의 구조에 의거한다. 연상은 좌절을 유지한 채 진행되는데, 이는 주체가 쾌락의 결핍을 견뎌내고 있음을 의미한다. 즉, 주체가 욕구의 충족을 유예한 채 분석의 규칙인 자유연상을 따를 수 있다면 이는 억압된 것들이 되돌아오는 성격을 가졌기 때문이다. 그리고 증상은 억압된 것의 회귀이기 때문에, 증상이 표현하고자 했던 것들을 말로 표현하면 증상들이 사라진다.

분명 이는 앞선 사례의 거세의 부인과는 다르다. 주체는 말하기의 규칙을 거부하며 증상을 보존하려고 했다. 부인의 주체는 불안을 겪을 때 자신의 말을 감추었다. 주체는 쾌락의 충족을 요구하며 규

---

25) 지그문트 프로이트. 이현우 옮김. 『일상생활의 정신병리학』 열린책들. 2011.

칙을 따르려 하지 않았다. 이는 "도착자에게 있어 법, 그것은 욕망이며, 역으로 말하자면 욕망은 곧 법이다"[26]라는 말을 떠올리게 만든다.

쾌락을 유예한다는 것은 주체가 오이디푸스적 욕구의 충족을 포기하고자 함을 나타낸다. 즉 억압과 억압된 것의 회귀는 거세를 인정하고 어머니를 포기하고자 하는 욕망을 지닌 주체에게서 나타나는 현상이다. 두 주체 모두에게 오이디푸스적 욕망은 완전히 소거되지 않았다. 하지만 그 잔존하는 소망에 대해서 주체가 취하는 방어 메커니즘이 다르다. 억압의 주체는 상실을 인정하려 하는 태도를 취하는 한편, 부인의 주체는 상실을 거부하는 태도를 취한다. "성도착자가 쉬지 않고 공격하는 것은 바로 저 거세의 수용이다"[27]

---

26) Serge André. 『Les perversions 1 - Le fétichisme』 La muette. 2013. p.77

27) 조엘 도르. 홍준기 옮김. 「도착증의 정박점과 도착적 과정의 작동」 『라깡과 정신분석 임상 : 구조와 도착증』 아난케. 2005. p.194

부인과 비교해서 억압을 분석한 이유는 주체의 방어 메커니즘에 따라 분석의 불가능성이 정해지기 때문이다. 분석은 무의식의 형성물들로 시작해 억압되어 있는 무의식을 언어화하는 작업이다. 그런데 이는 어디까지나 주체에게 그러한 욕망이 있을 때 가능하다. 주체에게 억압된 내용을 말하고자 하는 욕망들이 존재할 때만 분석은 주체를 도와줄 수 있다. 만약 상실을 인정하지 않으려는 것이 '주체의 선택'이라면, 즉 어머니에 대한 욕망을 포기하지 않고 붙잡고 있는 것이 주체의 선택이라면 분석가는 환자를 도와줄 수 없다. 분석가가 상실을 인정하도록 밀어붙인다면 환자는 분석을 중단하기 때문이다.

^{10} 분석가의 부성적 태도

✐ 분석을 수행할 수 있는 환자는 언어화의 욕망을 가진 주체들이다. 분석은 자유연상을 도입함으로써, 욕망의 자리를 마련하고 환자의 욕망이 언어화될 수 있도록 한다. 질문은 이와 다르다. 질문을 통해서 주체는 말할 수 있다. 하지만 이는 어디까지나 분석가에 의해 '말해지는' 것에 불과하다. 질문은 환자를 주체로 대하는 것이 아니라 대상으로 대한다. 이런 의미에서 분석이 진행되기 위해서 환자에게는 주체로서의 욕망이 존재해야 한다고 할 수 있다.

그러나 욕망은 그 자체로 드러나지 않는다. 기본적으로 주체에게는 어머니에 대한 요구가 잔존해 있기 때문이다. 무엇을 말해야 할지 가르쳐달라 요구하고, 이를 충실히 이행함으로써 타자로부터 사랑받길 요구한다. 따라서 욕망을 드러내기 위해서는 이러한 요구가 거절되어야만 한다. 프로이트는 "사랑을 필요로 하는 여성 환자가 요구하는 만족을 거절할 것을 분석 기법이 규칙으로 의사에게 요구한다는 사실이 함축되어 있음을 추측할 수 있을 것"[28]이라고 말한 바 있다.

분석가가 기대를 저버리게 되면 결핍이 발생하며 타자에 대한 증오가 불러일으켜 진다. 문제는 결핍이 지나치도록 강해지면 분석 자체가 불가능하다는 사실이다. 따라서 분석가는 이 결핍의 강도를 조절할 수 있어야 한다. 분석이 진행되기 위해서는 주체

---

28) 지그문트 프로이트. 이덕하 옮김. 「전이 사랑에 대한 소견」 『끝낼 수 있는 분석과 끝낼 수 없는 분석』 두서출판b. 2004. p.135

의 요구가 좌절된 가운데 적개심이 분석 작업을 방해하지 않을 정도여야만 한다. 이에 대해서 프로이트는 다음과 같이 말했다.

> 또 사람이 욕망하는 모든 것에서의 결핍을 말하는 것도 아니다. 왜냐하면, 그렇게 하면 어떤 환자도 참을 수 없을 것이기 때문이다. 대신 나는 다음과 같은 원칙을 제시하고자 한다. 환자의 욕구와 갈망이 작업과 변화를 위한 추진력으로 존재하도록 해야 하며 그것들이 대용물에 의해 달래지지 않도록 경계해야 한다.[29]

여기서 말하는 대용물은 분석가의 사랑을 말한다. 분석가의 사랑이 대용물인 까닭은 주체가 원래 사랑받고자 했던 사람은 분석가가 아니라 다른 사

---

29) 같은 책 pp.135~136

람이기 때문이다. 분석가는 대용물에 불과한 사랑을 주지 않음으로써 결핍을 촉발한다. 결핍이 변화를 위한 추진력으로 사용되기 위해서는 그것을 충족시킬 수 있는 대상이 주어져야 한다. 그러나 대상은 직접적으로 주어서는 안 된다. 이는 욕구를 즉각적으로 충족시켜주는 것에 불과하기 때문이다. 따라서 대상은 주체가 노력을 하면 얻어낼 수 있는 형태로 주어져야 한다. 그래야만 주체는 자신의 존재 형태를 변화시켜 그것을 획득하려 할 것이기 때문이다. 주체가 대상을 얻길 원하는 한, 주체는 자신의 갈망을 통해서 분석 작업을 수행하고 이를 통해 변화를 위한 힘이 된다.

이러한 효과를 위해서 분석가가 적극적으로 규칙들을 말하는 것이 도움된다. 분석가는 주체가 분석 규칙을 제대로 수행하고 있지 못할 때 개입하여야 한다. 이는 먼저 분석가의 입장에서 주체가 충분히 만족스럽지 못하다는 사실을 전달하는 것을 의미한다. 그리고 만약 주체가 태도를 변경하여 분석의 규칙을 충실히 따른다면 어떤 형태로 보상이 주어질 것을 암시한다. 이 암시를 따라 주체는 보상을 얻기 위해서 현재의 방식이 아닌 다른 방식으로 자신을 변화시켜야만 한다는 생각을 할 수 있게 된다.

모든 어려움을 성공적으로 극복한 후에, 종종 여성 환자는 치료를 시작할 때에 만약 자신이 훌륭히 처신한다면 끝에 가서 의사의 애정을 통해 보답 받게 될 것이라는 기대 환상을 품었음을 시인한다.

의사는 이젠 윤리적 이유와 함께 기법적인 이유 때문에 환자에게 사랑을 베푸는 것을 자제하게 된다.[30]

30) 같은 책. p.143.

분석가는 환자가 분석에서 해야 할 것과 하지 말아야 할 것을 구분한다. 현대 자본주의의 논리에서 이러한 분석가의 태도는 상당히 낯설다. 왜냐하면, 소비 자본주의의 논리하에 비용을 지불한 소비자는 판매자에 의해 욕구가 충족될 권리가 있기 때문이다. 반대로 분석가는 주체의 욕구를 충족시켜 주기를 거부한다. 오히려 분석가는 주체가 경험하는 쾌락을 박탈하고 빼앗아가려는 제스처를 취한다. 그리고 주체로 하여금 노력하도록 만든다. 이런 의미에서 정신분석은 소비되는 상품이나 서비스가 아니다. 오히려 분석은 환자의 태도를 변화시키는 '훈련'의 과정에 가깝다.

분석가가 자신의 태도를 고수하는 일은 상당히 어려울 수 있다. 분석가의 입장에서 주체가 겪는 고통을 즉각적으로 제거해 주는 일이 더욱 편하게 느껴질 수 있다. 우울한 주체를 위로해 주고 다른 사람들로부터 이해받지 못한 주체를 깊은 수준에서 공감해 준다면 주체는 분명 호전될 것이다. 그리고 분석가는 자신이 주체의 심리상태를 호전시키고 있다는 생각에 만족스러울 수 있다. 말하자면 분석가가 주체의 욕구를 충족시켜 준다면 분석가 역시 만족을 경험할 수 있다. 반대로 분석가는 주체의 욕구에 적절히 부응하지 못했다는 이유로 죄책감을 경험할 수도 있다. 자신이 좋은 분석가가 아니라는 생각에 시달릴 수 있다는 말이다.

분석가가 환자의 '호전'과 '힐링'에 힘을 쏟으려는 욕망을 가진 까닭은 분석가 자신의 모성에 대한 욕망이 존재하기 때문이다. 모성적 사랑의 결핍하에 분석가는 스스로 어머니가 되고자 하는 욕망을 가질 수 있다. 자기 자신이 어머니가 돼서 결핍된 주체들에게 사랑을 베풀고자 하는 것이다. '분석가가 되고자 하는 욕망'은 모성에 대한 향수로 인해 나타난다. 하지만 분석가가 되고자 하는 욕망은 분석가의 욕망이 아니다. 분석가의 욕망은 환자를 지금까지와는 다른 방식으로 행동하도록 만드는 것이어야 한다. 분석가는 환자를 움직여야만 한다.

유아기적 고착 때문에 사랑 능력에 장애가 있는 여성이 그녀에게 너무나 중요한 이 기능을 자유롭게 사용할 수 있게 되는 것이, 하지만 이것을 치료 중에 소진하지 않고 치료가 끝난 후에 실제 삶에서 필요해질 때를 위해 준비해 놓는 것이 목표라는 것을 의사는 염두에 두어야 한다.[31]

분석에서 모든 욕구가 충족된다면 분석상황에서는 결핍이 존재하지 않게 된다. 변화를 위한 원동력은 결핍 상태에서 나타난다. 현재 상황에서 부족

31) 같은 책, 같은 쪽

한 점이 있기에 그것을 변화시키기 위해 주체가 적극적으로 움직이는 것이기 때문이다. 아무런 결핍이 존재하지 않는다면 주체는 현재 상태를 그대로 유지하게 된다. 따라서 분석가는 주체에게 규칙을 명확히 적용해야 할 '의무'를 가진다. 이는 마치 아버지의 태도와 유사하다. 아버지는 아이에게 해야 할 것과 하지 말아야 할 것을 구분해 준다. 아버지는 아이가 원하는 것을 얻기 위해서 스스로 해야 한다는 사실을 깨우쳐준다. 지금까지 아이의 욕구 충족은 어머니를 통해 이루어졌지만, 아버지의 개입을 통해 아이는 주체로서 행위하게 된다.

11 상상적 현실과 분석적 현실

✎ 분석에서 규칙들을 말해야 하는 것은 분석가의 의무다. 만약 분석가가 자신의 의무를 충실히 이행하지 않는다면 이는 두 가지 부정적 효과를 낳는다. 첫 번째 주체는 자신이 모든 것을 제대로 하고 있다고 생각한다. 혹은 자신이 무엇을 하고 있는지 모르게 된다. 모든 것을 제대로 하고 있다고 믿는 경우 환자에게는 아무런 결핍이 존재하지 않으며, 분석가와의 경험 속에서 아무런 변화도 꾀할 수 없다. 두 번째 주체는 무엇을 해야 할지 모르는 상태에 빠지게 된다. 최소한의 지침도 없는 상

태로 주어지는 무제한적 자유는 주체를 불안하게 만들기 때문이다. 이러한 상태는 분석의 진행에 전혀 도움이 되지 않는다. 분석가의 부성적 역할은 이 불안을 해소하는 데에도 도움이 된다.

분석은 주체의 주체성을 존중함으로써 이루어진다. 그런데 분석가가 주체의 주체성을 지나치게 신뢰한다면 문제가 된다. 분석가가 주체를 맹목적으로 믿은 나머지 분석가 자신이 해야 할 최소한의 일도 하지 않을 수 있기 때문이다. 즉, 분석의 모든 진행을 환자에게 맡기고 분석가는 침묵으로 일관하며 단지 환자의 말을 듣기만 하는 태도를 취할 수 있다는 말이다. 이렇게 되면 주체에게는 불안이 점차 심해지게 된다. 분석가가 해야 할 일은 불안을 촉발하는 것이 아니다.

분석가의 '무제한적 침묵'은 분석가의 의무태만을 의미한다. 주체에게 말하고자 하는 욕망이 있다 하더라도 그것을 쉽게 이야기할 수 있는 것은 아니다. 주체는 타자로부터 보복당하는 것이 두렵거나, 혹은 타자와의 관계가 무너질까 두려워 그것들을 직접적으로 표현하지 못한다. 특히, 타자와 관련된 공격적 충동을 그 타자의 앞에서 표현하기가 어려울 수 있다. 왜냐하면, 타자가 그것을 원하지 않는다고 주체가 생각할 수 있기 때문이다. 주체의 입장에서는 자신의 말들이 타자에 의해서 받아들여질지 아닐지 알 수 없다. 좀 더 정확히 말해 그 말들을 해서는 안 된다는 생각들을 주체는 '이미' 하고 있다.

주체는 자신이 해야 할 것과 하지 말아야 할 것에 대한 생각들을 가지고 분석에 온다. 이는 주체가 살아온 방식과 연관되어 있지 분석가의 태도와는 관련이 없다. 그리고 주체는 이미 가지고 온 이미지에 따라 분석가를 판단한다. 이 때문에 분석 장면에서 분석가는 적어도 두 종류로 분열된다. 먼저 말을 통한 분석가가 존재하며, 주체의 상상에 의한 분석가로 나뉜다. 분석가가 말을 해도 좋다고 요구해도 주체가 말하지 않는다면 이는 주체의 상상에 비친 분석가 때문이다. 말하자면 저항을 불러일으키는 것은 상상적 타자다. 주체가 상상적 타자와 맺는 관계는 분석의 진행에 지대한 영향을 미친다. 따라서 분석은 주체의 상상이 영향을 미치지 않도록 만들어야 한다. 그래야만 주체의 연상이 드러날 수 있다.

정신병적 망상은 주체가 자신의 환상을 실제라고 믿는 경우다. 반면 신경증적인 수준의 환자들은 환상과 현실을 구분할 수 있다. 자신의 눈에 비친 모습이 있다 하더라도 그것이 현실과 다를 수 있음을 알고 있다는 말이다. 그렇다면 여기서의 '다른 현실'이란 무엇일까? 다른 현실은 말로 구성된 현실을 말한다. 다시 프로이트의 거세 이론으로 돌아가 보자. 아이가 여자의 거세를 발견하기 이전에 믿는 것은 자신의 환상이다. 아이는 여성의 성기라는 공백에 대하여 '작지만 존재한다'거나 '시간이 지나면 자랄 거야'라는 환상을 유지한다. 이 환상에 제한을 가하는 것이 바로 타자의 말이다. '고추가 잘릴 것'이라는 타자의 거세 위협은 말로 이루어진다. 이 말을 듣고 아이는 여성의 성기를 남근의 결여로서 이해하게 된다. 즉, 아이는 말을 통해서 자신의 환상과는 다른 현실이 존재할 수 있음을 이해하게 된다.

거세가 말로 주어진다는 사실은 왜 중요한가? 분석에서 주체의 환상을 넘어서도록 만드는 통로 역시 분석가의 말이기 때문이다. 환자가 자신의 환상 때문에 위협을 받는다면 분석가는 자신의 개입을 통하여 환자가 환상이 정신분석의 현실과 다를 수 있음을 알려줄 수 있다. 분석가가 주체와 '말로서' 협

약을 맺게 되면 환자는 분석적 현실과 자신의 환상을 구분하고 비교적 안정을 되찾을 수 있으며, 이를 통해 연상을 지속할 수 있게 된다. 분석가 개입의 필요성에 대해 조엘 도르는 다음과 같이 언급했다.

이렇듯 개입은 환자에게 자신이 지닌 환상의 구성을 탐지하도록, 그리고 그 환상을 점차 해체하도록 돕는다. 환자의 말하기를 따라 다니는 모든 상상적 표상들이 명확해져, 분석을 통해 그 상상적 표상들을 연결해 주는 환상의 기본 구조를 제거할 수 있게 하기 위해서는 항상 시간이 필요하다. 그러한 기본 구조를 제거하는 것이 정확히 개입이 해야 할 역할이다. 그러한 해제만이 환자로 하여금 자기 자신의 오인의 차원으로 점차 이끌어갈 수 있다.[32]

---

32) 조엘 도르. 홍준기 옮김. 『프로이트 라깡 정신분석 임상』 아난케. 2005. p.124

규칙을 말하는 행위는 중요한 의미를 갖는다. 이러한 작업은 주체의 상상을 대체하는 언어적 현실을 도입하는 것이다. 분석의 규칙은 말이라는 형태로 전달되어야 한다. 분석가가 규칙에 대해 말할 때 이 언표행위는 언어적 주체로서의 분석가와 실제적, 개인으로서의 분석가를 구분하겠다는 전제가 있다. 분석가는 자신의 개입을 통해 주체의 연상 내용으로 인해 분석적 관계가 위협받지 않는다는 사실을 알린다. 이러한 개입에는 분석가 자신의 말에 대해서 자신이 책임을 지겠다는 윤리적 태도가 포함되어 있으며, 분석가는 이를 환자에게 보여줄 수 있어야 한다.

¹² 분석가의 거세

✍ 분석가의 개입, 특히 분석가의 질문으로는 절대로 넘어설 수 없는 한계가 있다. 환자가 극복할 수 없는 저항은 분석가의 질문으로도 넘어설 수 없다. 따라서 분석의 성패는 결국 환자의 욕망, 환자가 사용하는 방어 메커니즘에 달려있다. 불완전한 거세에 대하여 주체가 어떠한 태도를 취하는가? 말의 질서를 수용하고 거세를 완수하려 하는 것인가? 아니면 거세를 부정하고 모성의 대리인을 찾는 것일까?

주체의 욕망은 자유연상의 규칙 수용 여부에 따

라 나타난다. 분석이 진행되기 위해서는 환자가 스스로 자유연상을 하고자 하는 욕망이 필요하다. 욕망이 없는 자는 도와줄 수 없다. 아무런 욕망도 없는 사를 분석가가 끌고 다니면서 분석을 할 수 없다는 말이다. 주체가 분석가에 의해 '수동적인 대상'으로서 다뤄지는 이상 무의식에 대한 접근은 불가능하며, 따라서 분석도 불가능하다.

욕망이 없는 환자를 이리저리 움직여서 분석할 수 있다고 믿는 것은 분석가가 자신의 전지전능함을 믿는 것과 같다. 그리고 이는 분석가의 모성적 태도에 반영되어 나타난다. 아이로부터 사랑받는 어머니는 아이를 마음대로 다룰 수 있기 때문이다. 분석가는 이러한 나르시시즘을 포기해야 한다. 분석가가 환자를 조종할 수는 없다. 분석가는 그저 분석 규칙의 대리인일 뿐이다. 그것의 진행 여부를 결정하는 주체의 욕망이다. 분석가는 자기 자신의 거세를 인정해야 한다. 거세의 법이 환자에게 적용되듯, 분석가에게도 적용되어야 한다. 분석가가 아는 것이 있다면 분석의 규칙일 뿐이다. 분석가의 역할은 분석의 규칙을 정돈하고 말하기의 장을 열어주는 것이다.

분석이 제대로 진행되기 위해서 분석가는 자신의 감정을 억제해야 한다. 물론 분석가 역시 한 명의 인간이며, 개인으로서 느끼는 감정과 생각이 존재한다. 하지만 이것들이 분석상황에 반영된다면 분석은 방해받는다. 분석가는 개인으로서의 자신과 거리를 두어야 하며, 분석가는 자신의 입을 통해서 정신분석의 원칙들만이 발화되도록 해야 한다. 즉, 개인으로서 침묵하며, 분석가의 말은 분석의 원칙에 관한 것들에 한정되어야 한다. 그리고 분석가는 침묵하는 태도를 지녀야 한다. 환자가 머릿속에 떠오르는 것을 모두 말해야 한다면 분석가 역시 그것들을 모두 들어야 하기 때문이다. 분석에서 침묵은 중요한 가치를 갖는다. 분석가는 환자의 말을 듣기 때문에 침묵한다.

분석가가 규칙을 전달함으로써 환자를 주체로 대할 수 있게 된다. 규칙에 대해 알게 된 주체는 스스로 그 규칙의 수용 여부를 결정할 수 있기 때문이다. 주체가 그 규칙을 받아들인다는 조건하에서만 분석은 진행될 수 있다. 여기서 우리는 주체로서의 욕망과 타자에 의해서 주체화되는 욕망을 구분해야 한다. 질문은 주체의 내밀한 차원을 드러내는 것처럼 보인다. 하지만 이는 주체가 말하는 행위를 하도록 분석가에 의해 강제될 뿐이다. 질문은 주체를 수동적으로 주체화되도록 만든다. 이것은 가짜 주체화에 불과하다. 반대로 능동성은 무엇인가? 이는 타자의 강제 없이, 그 자신의 욕망에 의해 말을 하는 것이다.

즉, 분석은 이미 욕망을 가진 주체와 그 욕망을 실현하기에 적절한 분석적 장이 만남으로써 이루어진다. 따라서 분석가가 하는 일은 말하고자 하는 욕망이 있는지 확인하는 일이 되어야 한다. 그리고 앞서 보았듯, 주체의 욕망은 요구를 거절함으로써 나타난다. 프로이트의 말처럼 분석은 '결핍' 속에서 진행되어야 한다. 결핍의 조건하에서 주체의 욕망이 나타날 수 있다. 그러므로 분석은 주체의 욕망을 확인하는 욕망의 시험장이라고 할 수 있을 것이다.

✎ 분석은 엄격한 규칙하에 진행된다. 정신분석은 정신분석의 규칙이 지켜지는 한에서 진행될 수 있다. 반대로 말하자면 주체가 규칙을 지키지 않는다면 분석은 진행될 수 없다는 뜻이다. 만약 주체가 분석의 규칙을 어긴다고 해보자. 그렇다면 이는 주체가 규칙을 지킬 뜻이 없다는 것을 의미하며, 더 이상 분석을 진행할 수 없게 된다. 만약 주체의 요구에 따라 분석의 규칙을 지키지 않고 분석을 진행한다면 이는 주체에게 공모하는 결과로 이어지고 만다.

분석의 주제는 주체 자기 자신이다. 주체가 침묵으로 일관하거나 분석과는 상관없는 이야기를 한다고 해보자. 이렇게 되면 분석은 진행될 수 없다. 이때 시간은 중요한 문제가 된다. 보통 정신분석은 40~50분 정도의 정해진 시간을 진행한다. 그런데 주체가 저항함에도 불구하고 시간을 지켜야 한다는 명목하에 분석을 진행한다면 어떻게 될까? 이는 분석가가 분석의 규칙보다 시간을 더욱 중시하고 있다는 것을 전달하게 된다. 따라서 분석은 시간에 따라서 진행될 수 없다. 오직 정신분석은 무의식의 논리와 정신분석의 규칙에 따라 진행되어야만 한다.

분석가는 외부 세계의 규칙이 아니라 정신분석의 규칙을 지켜야 한다. 분석가는 규칙에 대한 자신의 욕망을 드러내야 하는데, 이때 분석가의 현존과 부재가 유일한 수단이다. 주체의 입장에서는 분석가

와 만나는 세션의 시간 자체가 정신분석을 의미한
다. 주체가 저항하며 침묵할 때 분석가가 아무 말
없이 환자의 곁을 지킨다면 이는 저항을 용인하는
결과를 낳는다. 분석가는 저항이 일어날 때 분석을
중단시킴으로써 분석가의 욕망을 명확히 드러내야
한다.

조엘 도르는 분석을 중단함으로써 욕망을 드러내
는 절분법의 기능에 대해서 다음과 같이 말한다.

절분법은 환자가 나누는 담화의 가상 차원, 즉
환자의 오인 방식– 환자는 바로 그 오인의 주체
이다 –을 명확하게 해준다. 절분법은 따라서 어
떤 의미를 드러내는 것이 아니다. 그것은 의미
중 어떤 것을 적절한 방식으로 분리시킬 수 있도
록 해주는 것이다. …

… 절분법의 본질적 역할은 재활성화 기능을 행하는 것이다. 그것은 자신의 욕망이 도래하도록 점차 주체를 이끌어간다.[33]

즉, 분석의 시간은 세션의 진행 양상에 따라 유동적으로 결정되어야 한다. 이와 같은 '가변적 분석 시간'은 주체의 욕망을 활성화시키는 효과를 낳는다. 주체의 욕망이 상실되고 요구로 환원될 때 분석가는 세션을 중단시킴으로 그것을 강하게 거절한다. 즉, 모성적 사랑에 대한 요구가 수용될 수 있는 곳이 아님을 행위를 통해서 증명하는 것이다. 이 과정 속에서 주체는 자신이 무엇을 요구했고 어떤 식으로 행동했는지 되돌아보며, 자신의 저항 행위에 대한 분석이 진행된다. 그리고 그렇게 분석된 결과들을 가지고 다음 세션에 참여한다.

---

33) 같은 책. p.125

이러한 분석 내에 속한 '자기분석' 과정은 분석 주체가 갖는 분석의 역량을 늘려준다. 이렇게 해서 습득된 분석에 대한 지식과 능력은 정신분석 과정이 끝난 이후에도 효과를 낳는다. 주체는 자신의 증상들을 스스로 분석할 수 있는 능력을 갖게 된다. 분석이 종료된 이후 증상이 다시 발생했을 때 분석가를 만나는 것이 아니라 스스로 자신의 문제를 해결할 수 있는 능력을 가지게 된다는 말이다. 이것은 정신분석과정을 통해서 주체가 가질 수 있는 가장 큰 효과이기도 하다.

¹⁴ 정신분석의 비치료성

✎ 정신분석이 진행되기 위해서는 주체의 욕망이 필수적이다. 불안은 주체의 삶의 경계선으로서 기능한다. 주체가 그 경계를 넘어서려 할 때 불안이 발생한다. 불안은 주체의 삶을 가두며 주체가 항상 같은 모습으로 살도록 만든다. 그런데 주체는 그 삶의 경계 내부에서 불만족을 느낄 수 있다. 이렇게 되면 불안하지는 않지만 결핍된 삶을 살게 된다. 불안을 극복하고자 하는 욕망, 그리고 변화하고자 하는 욕망은 그 불만족을 해소하고자 하는 욕망에서 나타난다. 그리고 분석은 이와 같은

변화의 욕망을 가진 주체에게 적합하다.

하지만 모든 주체가 변화의 욕망과 함께 분석을 시작하는 것은 아니다. 주체는 고통을 겪고 있지만 자신을 변화시키고 싶어 하지 않는 경우가 많다. 주체의 삶은 불안에 지배당하고 있고 주체는 욕망의 실현은 불가능하다고 간주한다. 따라서 주체는 자신의 욕망이 타자에 의해서 실현되길 요구한다. 마치 현실 속에서의 고통이 나아지기를 신에게 기도하듯 말이다. 그리고 이러한 기도는 어릴 적 아이를 보살펴주던 어머니를 향한 요구와도 같다. 환자가 요구한다고 해도 이러한 요구에 부응하는 일은 그다지 환자에게 도움이 되지 않는다.

이 세상에는 불안을 극복하고 해야만 하는 일이 분명 존재한다. 예를 들어 어머니의 품을 벗어나 학교에 진학해야 하는 아이를 생각해 보자. 학교라는 낯선 환경에 노출되는 일은 아이를 불안하게 만든다. 아이는 어머니의 품에 안겨있길 원하고 울면서 입학을 거부한다. 아이가 불안 때문에 고통받고 있고, 또 진학을 원하지 않는다고 해서 학교에 진학시키지 않을 수는 없다. 아이가 한 명의 성인, '사회적 존재'로 자라나기 위해서는 불안을 극복하고, 좌절을 견디며 한 발 한 발 나아가야 한다. 아이에게 보살핌이 필요한 것은 사실이지만, 어느 시기가 되면 아이는 그 시련을 견디는 법 역시 배워야 한다.

이는 성인이 되어서도 마찬가지다. 주체가 타자의 사랑에 지배를 받는다면 육체적으로는 성인이 되었음에도 정신적으로는 유아적인 태도를 취하고 있다고 볼 수 있다. 분석가가 주체의 불안과 공포에 공감하면서, 주체가 바라는 사랑을 제공해 준다면 분명 효과는 있을 것이다. 문제는 분석에서 만나는 주체들이 '성인'이라는 점이다. 성인이 된 주체들에게, 모성적 보살핌을 끊임없이 베풀게 되면 주체는 결국 홀로 일어설 방법을 배울 수 없다. "신경증 환자는 외부 세계의 현실적인 대상이 사랑의 욕구를 만족시켜 주는 한에서는 건강하지만, 그 대상이 사라지고 그 자리를 대신 채워줄 다른 대상이 없으면 그 즉시로 신경증을 일으킨다"[34] 따라서 주체에서 필요한 것은 공감과 위로가 아닌 좌절과 불안의 극복이다. 분석은 주체로 하여금 거세의 현실과 직면하도록 해야 하고 타자의 사랑이 아닌 주체의 욕망을 따를 수 있도록 인도해야 한다.

물론 이는 분명 '치료'적이지 않다. 왜냐하면, 치료라는 말은 촉발된 불안을 완화시키고, 욕망의 좌절로 인해 발생한 슬픔을 위로받는 것만을 의미하기 때문이다. 반대로 정신분석은 좌절을 유발하고 주체의 불안을 촉발시키며 주체를 그것과 맞대

---

34) 지그문트 프로이트, 황보석 옮김, 「신경증 발병의 유형들」 『정신병리학의 문제들』 열린책들, 2010, p.96

면하도록 만든다. 분석을 거치는 동안 주체는 편안함과 안락함을 경험하지 못한다. 오히려 많은 불안을 감당해야 하고, 그것을 극복하기 위해 노력해야 한다. 이런 점에서 정신분석은 치료가 아니라고 할 수 있다.

하지만 '심리치료'는 병을 유발한 근본적 원인, 즉 주체와 불안의 관계 자체를 다루지 못한다. 주체와 어머니와의 관계에서 발생한 결핍을 제거해 주는 것이 심리치료다. 반대로 분석은 주체와 그 관계 자체를 다루며 어머니의 지배에서 벗어날 수 있도록 돕는다. 당연히 분석 과정 자체는 고통스럽다. 하지만 이는 문제를 근본적으로 해결하기 위해 반드시 거쳐야 하는 과정이다. 바로 이 때문에 프로이트는 분석가가 '치료의 열망(furor sanandi)'를 버려야 한다고 말하기도 했던 것이다.

^{15} 정신분석가의 윤리

✒ 분석은 욕망의 실현이다. 잠재적인 형태로 남아있던 욕망이 실천적 행위 속에서 드러나도록 만드는 실천이 바로 분석이다. 이 잠재적인 욕망이란 어머니의 품에서 벗어나 자신의 길을 가고자 하는 주체적 욕망이다. 주체의 욕망만이 분석의 동력이다. 주체의 욕망이 없다면 분석을 실패한다. 그렇다면 분석가는 어떤 역할을 해야 하는가? 분석가는 그러한 욕망을 촉발하는 자여야 할 것이다. 좀 더 정확히 말해 이미 존재하는 욕망이 활동할 수

있도록 환경을 제공하는 역할이 되어야 한다.

정신분석의 근본 규칙은 바로 이러한 욕망이 나타나도록 만드는 도구다. 자유연상에는 타자의 지배를 벗어나서 자신의 이야기를 하라는 의미가 담겨있다. 여기에는 적어도 두 가지 중요한 지점이 있다. 먼저 정신분석은 행위가 아닌 말을 통해 진행된다. 그리고 주체는 '말하는' 자여야 한다. 주체의 욕망은 말을 통해 드러나야 한다. 분석가는 그 규칙을 지켜질 수 있도록 분석상황을 정돈해야 한다. 두 번째 그 말의 내용이 어떤 것이건 간에 분석가는 그것을 '들어야 한다'. 성적인 공상이건 타자를 파괴하고자 하는 공격성이건 모두 말을 통해서 표현되어야 한다. 분석가는 개인으로서의 편견이나 생각, 판단 등은 모두 내려놓고 주체의 말의 수신인으로서 기능해야 한다.

분석가의 역할은 정신분석의 근본 규칙을 지탱하

는 것이어야 한다. 법을 지키거나 사회적 도덕을 지키는 것, 환자를 위한 서비스와 지식을 제공하는 것은 정신분석가의 역할이 아니다. 그러니까 정신분석의 윤리는 이러한 '말하기의 윤리'를 지키는 것이다. 정신분석가가 이 윤리를 지키지 않는 이상, 주체는 어머니에 대한 향수로 빠지고 말 것이다. 분석에서 주체가 말하는 자여야 한다. 말하기만이 욕망의 좌초를 돌파할 수 있는 유일한 도구다.

주체가 말하는 자라면 분석가의 역할은 듣는 자여야 한다. 당연히 분석가는 듣기 위해서 침묵한다. 침묵은 주체의 말하기를 열어놓는다. 분석가의 침묵 앞에서 프로이트가 말했던 무의식의 주체가 스스로 드러난다. 이러한 말하기는 그 자체로 효과를 갖는다.

물론 오늘날 분석적 태도는 환영받지 못한다. 분석적 태도는 환자를 좌절시키기 때문이다. 오늘날의 분위기는 주체를 좌절시키는 모든 것을 악으로 규정한다. 욕구는 즉각적으로 충족되어야 한다는 분위기가 형성되었고, 의무나 규칙은 낡은 구시대의 유물처럼 간주된다. 이런 상황에서 정신분석 역시 점차 주체의 '욕구'에 반응하는 방식으로 변해가고 있다.

당연하지만 의무나 규칙은 항상 필요한 것이다. 사람들이 모여서 함께 살아가기 위해서는 항상 법이 필요하며, 그 법은 주체를 어느 정도 좌절시킨다. 인간은 항상 어느 정도의 좌절을 겪으면서 살아가야 한다. 반드시 존재할 수밖에 없는 좌절 때문에 지나칠 정도로 상실감을 겪으며 세상에 대한 증오를 갖는다면, 그리고 이로 인해 심각한 불안에 시달린다면 오히려 이러한 상황이야말로 주체에게 해가 된다. 정신분석은 주체가 그러한 법의 공동체 안에서 자기 자신을 잃지 않고 주체로서 설 수 있도록 도와야 할 것이다.

이는 아이를 독립시키는 부모의 태도와 유사하다. 아이는 언젠가 부모의 품을 떠나야 한다. 부모의 품을 떠날 때는 분명 두렵고 불안하다. 불안을 겪는 아이를 보면 부모 역시 마음이 아플 수 있다. 이 때문에 부모는 아이를 독립시키지 않고 자신이 계속 보살펴주려는 태도를 취할 수 있다. 하지만 이러한 부모의 사랑은 오히려 아이에게 독이 된다. 아이는 언젠가 부모의 보살핌 없이 홀로 서는 법을 배워야 하기 때문이다. 따라서 아이가 독립하기 위해서는 부모에게는 일정 정도의 냉정함이 필요하다. 아이를 계속 품고 싶은 그 마음, 아이를 영원히 자신의 아이로 두고 싶은 그 욕망을 끊어낼 수 있는 냉정함 말이다.

정신분석가 역시 이러한 냉정함을 지녀야 한다. 모든 분석가는 사람을 돕고 싶은 마음에서 분석을 할 것이다. 인간을 사랑하는 그 마음은 당연히 환자의 고통을 지나칠 수 없도록 만들고, 즉시 도움을 주고 싶은 충동을 불러일으킬 수 있다. 하지만 그것이 진정으로 환자를 돕는 길이 아니다. 정신분석가는 '정신분석가의 방식'으로 환자를 도와주어야 한다. 당연히 이를 위해서는 환자에게서 감정적인 거리를 둘 수 있어야 한다.

이것이 바로 프로이트가 말했던 정신분석가의 중립성이다. 정신분석가의 중립적 태도는 악명이 높았다. 분석가는 환자에게 공감하지 않는다는 이유로, 또 지나치게 차가운 태도를 취한다는 이유로 비난의 대상이 되었다. 하지만 이러한 비난은 오해에 불과하다. 정신분석가가 중립적 태도를 취하는 이유는 그것이 주체를 돕는 유일한 방법이라는 사실을 알고 있기 때문이다.

이러한 태도를 지키는 일은 당연히 쉽지 않은 일

이다. 분석가는 환자의 공격적 충동을 감당해내야 한다. 분석가는 환자에게 사랑받지 못하고 미움받는다. 그럼에도 불구하고 분석가가 자신의 태도를 지킨다면 그 이유는 그것이 '옳은 일'이기 때문이다. 분석은 쾌락의 원칙에 따라서 진행되지 않는다. 쾌락원칙에 따르면 쾌락은 좋은 것이고, 불쾌는 나쁜 일이다. 반대로 분석은 쾌락원칙을 넘어서 있다. 분명 쾌락을 준다 하더라도 나쁜 일이 있고 불쾌하더라도 옳은 일이 있다.

분석가는 불쾌하다 하더라도 올바른 일을 해야 한다. 우리는 이러한 의무의 차원을 '윤리'라고 부른다. 이런 점에서 분석가는 윤리를 지켜야 한다. 눈앞에서 고통받는 환자를 직접적으로 도와준다면 분석가에게도 쾌락이 생긴다. 환자가 자신의 어려움을 스스로 극복하는 과정을 지켜보는 일은 분석가에게 어려운 일일 수도 있다. 하지만 분석가가 문제를 해결해 주려 한다면 결국 주체는 자신의 힘을 잃고 말 것이다. 주체의 욕망을 열어놓기 위해 분석가는 쾌락과 불쾌가 아닌 옳고 그름의 차원에서 접근해야 한다. 눈앞에 있는 당장의 쾌락보다 올바른 일을 선택하는 것, 그 선택을 지키는 윤리적 태도가 분석가에게는 필요하다.